プリント形式のリアル過去問で本番の臨場感！

大阪府 府立

咲くやこの花中学校

2025年春受験用 解答集

本書は，実物をなるべくそのままに，プリント形式で年度ごとに収録しています。
問題用紙を教科別に分けて使うことができるので，本番さながらの演習ができます。

■ 収録内容

・解答集(この冊子です)

書籍ＩＤ番号，この問題集の使い方，最新年度実物データ，リアル過去問の活用，
解答例と解説，ご使用にあたってのお願い・ご注意，お問い合わせ

・2024(令和６)年度 ～ 2019(平成31)年度　学力検査問題

○は収録あり　年度	'24	'23	'22	'21	'20	'19
■ 問題(適性検査)	○	○	○	○	○	○
■ 解答用紙	○	○	○	○	○	○
■ 配点	○	○	○	○	○	○

全分野に解説があります

スポーツ分野以外の各分野の検査を収録(芸術分野の解答は省略)

注)問題文等非掲載:2024年度適性検査Ｉの1，2022年度適性検査II言語分野の1，2020年度適性検査Ｉの1

問題文などの非掲載につきまして

著作権上の都合により，本書に収録している過去入試問題の本文や図表の一部を掲載しておりません。ご不便をおかけし，誠に申し訳ございません。

教英出版

■ 書籍ＩＤ番号

入試に役立つダウンロード付録や学校情報などを随時更新して掲載しています。
教英出版ウェブサイトの「ご購入者様のページ」画面で，書籍ＩＤ番号を入力してご利用ください。

書籍ＩＤ番号　105229

（有効期限：2025年9月30日まで）

【入試に役立つダウンロード付録】
「要点のまとめ(国語／算数)」
「課題作文演習」ほか

■ この問題集の使い方

年度ごとにプリント形式で収録しています。針を外して教科ごとに分けて使用します。①片側，②中央のどちらかでとじてありますので，下図を参考に，問題用紙と解答用紙に分けて準備をしましょう（解答用紙がない場合もあります)。

針を外すときは，けがをしないように十分注意してください。また，針を外すと紛失しやすくなりますので気をつけましょう。

① 片側でとじてあるもの

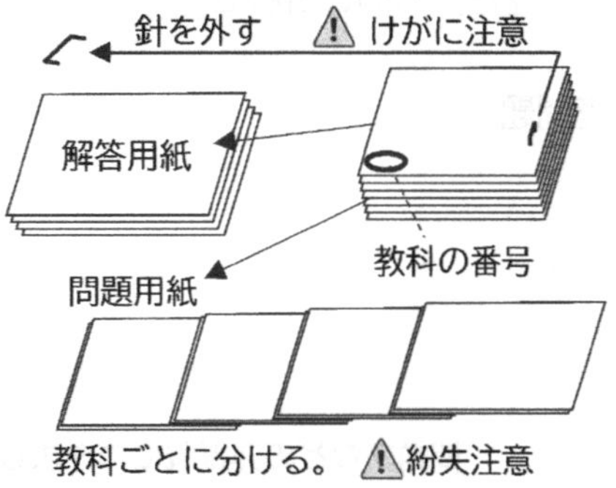

② 中央でとじてあるもの

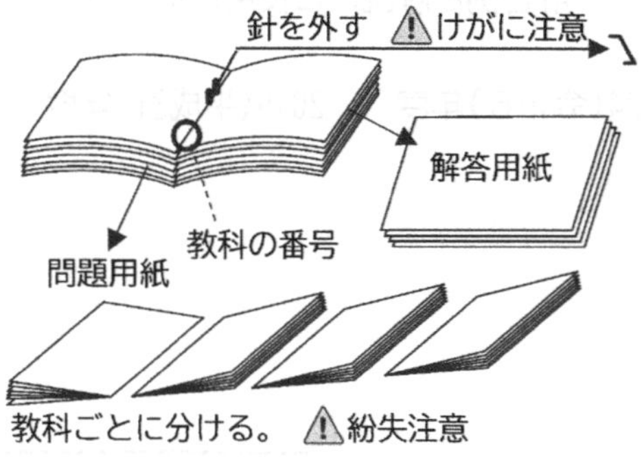

※教科数が上図と異なる場合があります。
解答用紙がない場合や，問題と一体になっている場合があります。
教科の番号は，教科ごとに分けるときの参考にしてください。

■ 最新年度 実物データ

実物をなるべくそのままに編集していますが，収録の都合上，実際の試験問題とは異なる場合があります。実物のサイズ，様式は右表で確認してください。

問題用紙	Ａ３プリント
解答用紙	Ａ３プリント（問題表紙裏）

リアル過去問の活用

～リアル過去問なら入試本番で力を発揮することができる～

本番を体験しよう！

問題用紙の形式（縦向き / 横向き），問題の配置や余白など，実物に近い紙面構成なので本番の臨場感が味わえます。まずはパラパラとめくって眺めてみてください。「これが志望校の入試問題なんだ！」と思えば入試に向けて気持ちが高まることでしょう。

入試を知ろう！

同じ教科の過去数年分の問題紙面を並べて，見比べてみましょう。

① 問題の量

毎年同じ大問数か，年によって違うのか，また全体の問題量はどのくらいか知っておきましょう。どのくらいのスピードで解けば時間内に終わるのか，大問ひとつにかけられる時間を計算してみましょう。

② 出題分野

よく出題されている分野とそうでない分野を見つけましょう。同じような問題が過去にも出題されていることに気がつくはずです。

③ 出題順序

得意な分野が毎年同じ大問番号で出題されていると分かれば，本番で取りこぼさないように先回りして解答することができるでしょう。

④ 解答方法

記述式か選択式か（マークシートか），見ておきましょう。記述式なら，単位まで書く必要があるかどうか，文字数はどのくらいかなど，細かいところまでチェックしておきましょう。計算過程を書く必要があるかどうかも重要です。

⑤ 問題の難易度

必ず正解したい基本問題，条件や指示の読み間違いといったケアレスミスに気をつけたい問題，後回しにしたほうがいい問題などをチェックしておきましょう。

問題を解こう！

志望校の入試傾向をつかんだら，問題を何度も解いていきましょう。ほかにも問題文の独特な言いまわしや，その学校独自の答え方を発見できることもあるでしょう。オリンピックや環境問題など，話題になった出来事を毎年出題する学校だと分かれば，日頃のニュースの見かたも変わってきます。

こうして志望校の入試傾向を知り対策を立てることこそが，過去問を解く最大の理由なのです。

実力を知ろう！

過去問を解くにあたって，得点はそれほど重要ではありません。大切なのは，志望校の過去問演習を通して，苦手な教科，苦手な分野を知ることです。苦手な教科，分野が分かったら，教科書や参考書に戻って重点的に学習する時間をつくりましょう。今の自分の実力を知れば，入試本番までの勉強の道すじが見えてきます。

試験に慣れよう！

入試では時間配分も重要です。本番で時間が足りなくなってあわてないように，リアル過去問で実戦演習をして，時間配分や出題パターンに慣れておきましょう。教科ごとに気持ちを切り替える練習もしておきましょう。

心を整えよう！

入試は誰でも緊張するものです。入試前日になったら，演習をやり尽くしたリアル過去問の表紙を眺めてみましょう。問題の内容を見る必要はもうありません。どんな形式だったかな？受験番号や氏名はどこに書くのかな？…ほんの少し見ておくだけでも，志望校の入試に向けて心の準備が整うことでしょう。

そして入試本番では，見慣れた問題紙面が緊張した心を落ち着かせてくれるはずです。

※まれに入試形式を変更する学校もありますが，条件はほかの受験生も同じです。心を整えてあせらずに問題に取りかかりましょう。

咲くやこの花中学校【各分野共通】 2024 令和6年度 適性検査Ⅰ

《解答例》

1　⑴a．群　b．研究　c．金属　⑵ウ　⑶ムクドリと　⑷エ　⑸〔い〕　⑹A．いろいろな鳥がいる驚きと、その鳥を見つけることができる喜び　B．種によって色や形が違うことや、しぐさや行動が違うこと

2　⑴①200　②記号…ウ　式…$y=\frac{4}{5}\times x$　⑵①(ⅰ)251.2　(ⅱ)24.4　②0.57　⑶①9　②ⓒ40　ⓓ20

《解　説》

1　著作権上の都合により文章を掲載《けいさい》しておりませんので、解説も掲載しておりません。ご不便をおかけし、誠に申し訳ございません。

2　⑴①　$250\times\frac{80}{100}=200$(g)

②　80％はもとの重さの$\frac{80}{100}=\frac{4}{5}$(倍)だから，$y=\frac{4}{5}\times x$と表せる。したがって，$x=50$のとき$y=\frac{4}{5}\times 50=40$となるグラフを選べばよいから，ウが正しい。

⑵①(ⅰ)　底面の半径が8÷2＝4(㎝)だから，底面積は，4×4×3.14＝16×3.14(㎠)

高さが5㎝だから，容積は，(16×3.14)×5＝80×3.14＝251.2(㎤)

(ⅱ)　図3の重ねる部分以外の長方形の横の長さは，図2の容器の底面の周の長さと等しく，8×3.14＝25.12(㎝)である。よって，重ねる部分の長方形の横の長さは，30－25.12＝4.88(㎝)だから，求める面積は，5×4.88＝24.4(㎠)

②　円の面積は16×3.14(㎠)である。正方形はひし形にふくまれるから，正方形ABCDの面積は，(対角線)×(対角線)÷2＝8×8÷2＝32(㎠)　したがって，図4で色をつけた部分の面積は，16×3.14－32(㎠)だから，正方形ABCDの面積の，$\frac{16\times 3.14-32}{32}=\frac{1}{2}\times 3.14-1=1.57-1=0.57$(倍)

⑶①　クッキーAだけを作ると，420÷7＝60(枚)できる。6と7の最小公倍数は42だから，クッキーAを42÷7＝6(枚)減らし，クッキーBを42÷6＝7(枚)増やしても，使う小麦粉の合計は変わらない。したがって，使う小麦粉の重さが420gになる組み合わせは，(クッキーA，クッキーB)＝(60枚，0枚)(54枚，7枚)(48枚，14枚)……，と見つけていくことができる。60÷6＝10だから，クッキーAの枚数は6×10(枚)から6×0(枚)まで，10＋1＝11(通り)ある。このうち，AかBのクッキーの枚数が0枚となる2通りは条件に合わないから，求める組み合わせの数は，11－2＝9(通り)

②　①より，クッキーAの枚数は20×1＝20(枚)か20×2＝40(枚)のどちらかである。

クッキーAを20枚作るとき使う材料は，小麦粉が7×20＝140(g)，バターが3×20＝60(g)である。

クッキーBを20枚作るとき使う材料は，小麦粉が6×20＝120(g)，バターが4×20＝80(g)である。

したがって，クッキーA，Bを20枚ずつ作ると，小麦粉が420－140－120＝160(g)，バターが210－60－80＝70(g)残る。バターの残りから，クッキーBはこれ以上作れないとわかるので，クッキーAをさらに20枚作ると，条件に合う組み合わせになる。よって，求める組み合わせは，クッキーAが20＋20＝40(枚)，クッキーBが20枚である。

咲くやこの花中学校【自己表現】 2024 令和6年度 作文

《解答例》

〈作文のポイント〉

・最初に自分の主張、立場を明確に決め、その内容に沿って書いていく。

・わかりやすい表現を心がける。自信のない表現や漢字は使わない。

さらにくわしい作文の書き方・作文例はこちら！→ https://kyoei-syuppan.net/mobile/files/sakupo.html

《解答例》

「作文」の〈作文のポイント〉参照。

《解答例》【ものづくり(理工)分野】

1　(1)20　(2)66　(3)30　(4)12

2　(1)※①「左の数」…20　「真ん中の数」…25　「右の数」…30　②11　(2)ア．24　イ．27　ウ．32　エ．36　(3)49

3　(1)ア．12.56　イ．9.86　(2)①㋐正六角形の個数。　㋑２本の辺がぴったりあっているところの数。　②261

4　(1)①720　②$1\frac{1}{4}$　※(2)18

※の求め方は解説を参照してください。

《解　説》【ものづくり(理工)分野】

1　(1)　ある数をxとすると，$x\div3+7=10$より，$x\div3=10-7$　$x=3\times3=9$　よって，$9\times3-7=20$

(2)　$0.6=\frac{3}{5}$で，$\frac{3}{5}$で割るのは$\frac{5}{3}$をかけることと同じだから，$\frac{3}{5}$をかけても$\frac{5}{3}$をかけても整数になる数を考える。そのような数は５と３の公倍数だから，最小公倍数である15の倍数である。2023以下の15の倍数は，2023÷15＝134余り13より134個ある。3000以下の15の倍数は，3000÷15＝200(個)ある。

よって，求める個数は，200－134＝66(個)

(3)　$\frac{1}{2}$の分母が２，$\frac{3}{5}$の分母が５だから，ゆうさんが用意した折り紙の枚数を２と５の最小公倍数の⑩とする。しほさんが使った枚数は⑩$\times\frac{1}{2}-7=$⑤－７(枚)，ゆうさんが使った枚数は＝⑤－７＋２＝⑤－５(枚)だから，２人が使わなかった枚数は，７＋５＝12(枚)である。これが求める枚数の$1-\frac{3}{5}=\frac{2}{5}$(倍)だから，求める枚数は，$12\div\frac{2}{5}=30$(枚)

(4)　図３ではＣとＤを入れかえると四角形ができるので，ＣとＤの順番も関係することに気をつける。また，Ｃが３，４，７だとすると四角形ができないから，その場合は考える必要がない。四角形ができる選び方を，Ｃの数によって場合分けして探すと，右表のようになる。よって，全部で12通りある。

<table>
<tr><th>C</th><th>D</th><th>C</th><th>D</th></tr>
<tr><td rowspan="2">5</td><td>4</td><td rowspan="2">8</td><td>4</td></tr>
<tr><td>7</td><td>7</td></tr>
<tr><td rowspan="5">6</td><td>4</td><td rowspan="3">9</td><td>4</td></tr>
<tr><td>5</td><td>7</td></tr>
<tr><td>7</td><td>8</td></tr>
<tr><td>8</td><td rowspan="2" colspan="2"></td></tr>
<tr><td>9</td></tr>
</table>

2　(1)①　真ん中の数は，75÷３＝25である。九九の表の中に25は５×５＝25の１つしかないので，左の数は４×５＝20，右の数は６×５＝30である。

②　３個の数の和が27の倍数ということは，真ん中の数は27÷３＝９の倍数である。９を素数の積で表すと９＝３×３であり，１～９の整数のうち，３と６は素因数に３を１個，９は３を２個ふくむ。したがって，３の倍数の並びまたは６の倍数の並びと，３の倍数の並びまたは６の倍数の並びが交わるところに９の倍数があり，さらに，９の倍数の並びに９の倍数がある。

そのうち真ん中の数になりうるのは，右図で囲んだ11個の数だから，求める囲み方の数は11通りである。

		かける数								
		1	2	3	4	5	6	7	8	9
かけられる数	1	1	2	3	4	5	6	7	8	9
	2	2	4	6	8	10	12	14	16	18
	3	3	6	9	12	15	18	21	24	27
	4	4	8	12	16	20	24	28	32	36
	5	5	10	15	20	25	30	35	40	45
	6	6	12	18	24	30	36	42	48	54
	7	7	14	21	28	35	42	49	56	63
	8	8	16	24	32	40	48	56	64	72
	9	9	18	27	36	45	54	63	72	81

(2)　119を素数の積で表すと，119＝7×17となる。

7と17それぞれを連続する2つの整数の和で表すと，

7＝3＋4，17＝8＋9となる。

したがって，囲み方は右図の2通りのいずれかになり，

どちらの場合も，囲んだ数は小さい順に，24，27，32，36となる。

		かける数								
		1	2	3	4	5	6	7	8	9
かけられる数	1	1	2	3	4	5	6	7	8	9
	2	2	4	6	8	10	12	14	16	18
	3	3	6	9	12	15	18	21	24	27
	4	4	8	12	16	20	24	28	32	36
	5	5	10	15	20	25	30	35	40	45
	6	6	12	18	24	30	36	42	48	54
	7	7	14	21	28	35	42	49	56	63
	8	8	16	24	32	40	48	56	64	72
	9	9	18	27	36	45	54	63	72	81

(3)　縦4マス，横3マスの四角形で囲んだ場合に，囲んだ12個のマスの数の合計は，(2)の考え方と同様に，長方形の面積として考えることができる。1～9の整数のうち，連続する3つの数の和は，1＋2＋3＝6以上，7＋8＋9＝24以下だから，囲んだ長方形の横の長さは6cm以上24cm以下である。連続する4つの数の和は，6＋4＝10以上，6＋24＝30以下だから，囲んだ長方形の縦の長さは10cm以上30cm以下である。したがって，396を6以上24以下の数と10以上30以下の数の積で表したい。396を素数の積で表すと，396＝2×2×3×3×11となる。条件に合う積の表し方は，(2×3×3)×(2×11)＝18×22だけである。

横の長さは，横の真ん中の数の3倍になるから，3の倍数なので，18cmである。真ん中の数は18÷3＝6だから，横の数は，5，6，7である。縦の4つの数の平均は22÷4＝5.5だから，真ん中が5と6なので，縦の4つの数は4，5，6，7である。

よって，囲み方は右図のようになるから，求める数は49である。

		かける数								
		1	2	3	4	5	6	7	8	9
かけられる数	1	1	2	3	4	5	6	7	8	9
	2	2	4	6	8	10	12	14	16	18
	3	3	6	9	12	15	18	21	24	27
	4	4	8	12	16	20	24	28	32	36
	5	5	10	15	20	25	30	35	40	45
	6	6	12	18	24	30	36	42	48	54
	7	7	14	21	28	35	42	49	56	63
	8	8	16	24	32	40	48	56	64	72
	9	9	18	27	36	45	54	63	72	81

3　(1)　まわりの長さが12.56cmの円は，直径が12.56÷3.14＝4(cm)だから，半径は4÷2＝2(cm)である。したがって，円の面積は，2×2×3.14＝4×3.14＝12.56(cm²)

まわりの長さが12.56cmの正方形は1辺の長さが，12.56÷4＝3.14(cm)だから，面積は，3.14×3.14＝9.8596→9.86cm²である。

(2)①　まことさんは6×3によって，まず3個の正六角形の辺の数を合計している。次に，正六角形の辺がぴったりあっているところ1か所につき辺の数が1減り，3か所で重なっているから，3を引いている。

②　①と同じように考える。図7では，8個並んでいる段(奇数段)が5つ，9個並んでいる段(偶数段)が4つあるから，正六角形の辺の数の合計は，6×(8×5＋9×4)＝456…Ⓐ

次に，ぴったりあっていない辺がどのくらいあるかを調べる。ぴったりあっていない辺は図の外側にあり，図Ⅰのように㋐と㋑に分ける。

㋐1つには，図Ⅱの形が8個ある。したがって，㋐2つの中にぴったりあっていない辺は，2×8×2＝32ある。

㋑1つには，図Ⅲの形が4個，図Ⅳの形が5個ある。したがって，㋑2つの中にぴったりあっていない辺は，

(3×4＋1×5)×2＝34ある。

以上より，ぴったりあっていない辺は全部で，32＋34＝66…Ⓑある。

ⒶからⒷを除いた残りの辺は，すべて2本が1本になっているから，$\frac{1}{2}$になっている。つまり，辺がぴったりあっているところは，$\frac{456-66}{2}$＝195(か所)ある。

よって，求める辺の数は，195＋66＝261

図Ⅰ

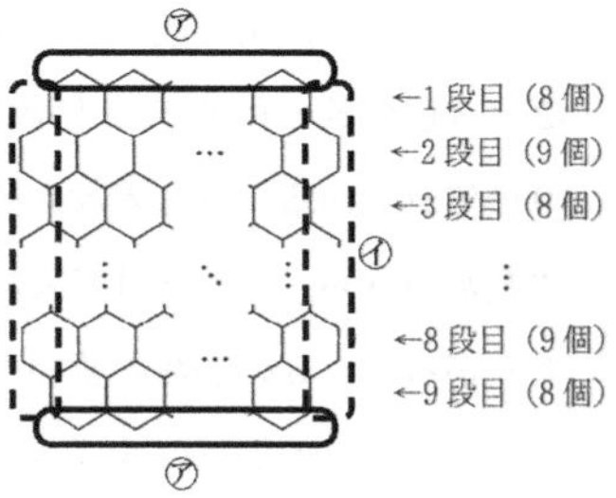

図Ⅱ

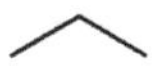

図Ⅲ

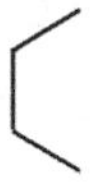

図Ⅳ

4 (1)① ＢＣ：ＤＥ＝ＡＦ：ＡＧ＝80：(80＋240)＝１：４だから，ＤＥ＝ＢＣ×４＝180×４＝720(cm)

② ＢＣ：ＩＪ＝ＨＦ：ＨＧ＝60：(60＋240)＝１：５だから，ＩＪ＝ＢＣ×５

①よりＤＥ＝ＢＣ×４だから，ＤＥ：ＩＪ＝４：５なので，ＩＪの長さはＤＥの長さの，$5 \div 4 = 1\frac{1}{4}$(倍)

(2) 時速 36 kmは，$\frac{36\times1000}{60\times60}=10$ より，秒速 10mだから，ＬＭ＝4.5×10＝45(m)

ＫＮ：ＫＯ＝ＢＣ：ＬＭ＝$\frac{180}{100}$：45＝１：25 だから，ＫＮ：ＮＯ＝１：(25－１)＝１：24

よって，ＮＯ＝ＫＮ×24＝$\frac{75}{100}\times24=18$(m)

《解答例》【芸術(美術・デザイン)分野】

解答例は非掲載とさせていただきます。

《解答例》

1　⑴a．包　b．単位　c．精　⑵イ　⑶ウ　⑷〔え〕　⑸循環する時間世界のなかで生存している自然から自立した動物になり、自然の営みを阻害する　⑹エ

2　⑴①12　②4.5　③ア．2　イ．1　⑵①92.52　②2.5　⑶①ウ．10　エ．3　オ．8　カ．5　②10

《解　説》

1　⑶　――線部②をふくむ部分に「だがそれだけが、自然の時間の特徴《とくちょう》だとは思わない」とあるから、これより前の部分から「自然の時間の特徴」が書かれているところを探す。直前の段落の1～2行目の「自然は特有の時間世界をもっている。ゆっくりと流れゆく時間や、時間スケールの大きさもその特徴のひとつだろう」より、ウが適する。

⑷　ぬけている一文の「こんな森の様子をみていると～自然は循環《じゅんかん》する時間世界のなかで生きているように思えてくる」より、前の部分に、森(自然)が循環する様子が書かれているはずである。そのような記述があるのは、〔え〕の1～4行前の、「森のなかでは季節は毎年繰《く》り返《かえ》されている～季節は毎年同じように循環してきて～冬の営みを繰り返す」の部分。よって、〔え〕が適する。

⑸　第7段落の「人間はこの直線的な時間世界を確立することによって、循環する時間世界のなかで生存している自然から自立した動物になった」と、第8段落の「こうして、人間の営みは自然の営みを阻害《そがい》するようになったのではなかろうか」を参照。

⑹　最後の段落の「自然と人間が共生するには～自然の時空をこわさないでおくことのできる社会を～つくりだすしかないのである」より、エが適する。　ア．第5段落を参照。「今日の自然」も「太古の自然と同じように」「変化を求めてはいない」のだから、適さない。　イ．第3段落と第6段落を参照。自然が繰り返しの時間の中で生きているのに対して、人間は直線的な時間で生きており、すべてのものを変化させてしまうとあるので適さない。
ウ．第7段落に「循環する時間世界のなかで生存している自然から自立した動物になった」とあるので、選択肢《せんたくし》の「自然がつくりだしている時間世界のなかで暮らすようになった」が適さない。

2　⑴①　5年生，6年生の冊数のうち，5，6，7冊の人数の和が求める人数である。
よって，2＋1＋2＋4＋2＋1＝12(人)。

②　10は偶数だから，中央値は10÷2＝5より，大きさ順に5番目と6番目の冊数を平均した値《あたい》である。
5番目と6番目は4冊と5冊だから，求める中央値は，(4＋5)÷2＝4.5(冊)

③　(平均値)×(人数)＝(合計)となることを利用する。6年生15人が読んだ合計冊数は4.4×15＝66(冊)である。
このうち，読んだ冊数が2冊と3冊の児童の合計冊数は，66－(4×5＋5×4＋6×2＋7×1)＝66－59＝7(冊)である。また，読んだ冊数が2冊と3冊の児童の合計人数は15－(5＋4＋2＋1)＝3(人)だから，2人が2冊，1人が3冊読めば2×2＋3＝7(冊)となる。したがって，ア＝2，イ＝1である。
なお，つるかめ算を利用してもよいが，値が小さいので具体的に数字をあてはめた方が手早く計算できる。

⑵①　花の面積は，1辺6㎝の正方形の面積と半径3㎝の半円の面積4つ分である。

よって，$6\times6+3\times3\times3.14\times\frac{1}{2}\times4=36+56.52=92.52$(㎠)

② 切り取る部分の面積と残る部分の面積の比が５：７だから，切り取る三角形１つあたりの面積は，１辺の長さが 12 ㎝の正方形の面積の$\frac{5}{5+7}\times\frac{1}{4}=\frac{5}{48}$である。よって，三角形の面積は $12\times12\times\frac{5}{48}=15$(㎠)である。

したがって，この三角形は底辺が 12 ㎝，高さが△㎝だから，$\triangle=15\times2\div12=2.5$(㎝)である。

(3)① 図６と照らし合わせて考える。また，例えば２ページの裏は１ページとなるが，ページをめくったとき２ページと１ページは左右反対になることに気をつける。

３ページは４ページの裏にあるから，エ＝３

５ページは６ページの裏にあるから，カ＝５

８ページは７ページの裏にあるから，オ＝８

10 ページは９ページの裏にあるから，ウ＝10 である。

② 左右のページの番号は一方が２大きくなると，もう一方が２小さくなる。よって，右のページが１のとき，左のページは $9-1=8$ だけ大きくなるから $32+8=40$ となる。また，１ページと同じ面に書かれたページが最後のページだから，この冊子は 40 ページまである。１枚の紙には４ページあるから，使った紙の枚数は $40\div4=10$(枚)である。

《解答例》

私が入学を希望する理由は、英語力を身に付けて、ほん訳者になりたいからです。咲くやこの花中学校での発展的な学習で、英語の学力をのばすように努力したいと思います。そのうえで、日本語の表現力、コミュニケーション能力、異文化を理解しようとする態度なども身に付けたいです。良いほん訳をするためには、文脈や場面にふさわしい表現をすることが欠かせません。訳をするだけならＡＩにもできますが、行間を読んだり、相手に合わせた訳を作ったりするのは、人間のほうが得意だと思います。心のこもった言葉で人と人をつなぐかけ橋になりたいです。

入学後にチャレンジしたいことは、英語の弁論大会への出場です。英語部に入って、人の心にひびく表現ができるようにがんばりたいと思います。

《解答例》【言語分野】

1　あなたが選んだ詩…A

最初に「言葉は紙ヒコーキのようなもの」というたとえが提示されます。この２行だけで第一連を終えることで、読み手に言葉と紙ヒコーキの共通点を考えさせているのだと思います。そのように読み手を導いたうえで、第二連で共通点が具体的に語られます。祈るような気持ちで言葉を伝える、荒々しい気持ちで言葉をぶつけてしまうといった経験は、だれにもあるはずです。だからこそ、言葉と紙ヒコーキがよく似ていると実感できるのでしょう。この共感が、イメージの重なりをよりせん明にしていると思います。第三連は、「まっすぐに」で終わっています。紙ヒコーキは、まっすぐに飛ばしたいと思っても、と中で曲がったり落下したりします。その難しさは、相手に言葉を届ける難しさと重なります。それでも願いをこめて気持ちを届けようとすることが、「まっすぐに」で終わる余いんにたくされていると感じます。

このように、紙ヒコーキのイメージと重ねて言葉というものについて考えさせてくれる点が、Aの詩のよさだと思います。

2　バスを停車させることが最もよいと考える施設…B

私は、人々が快適に過ごせる市の姿とは、年れい、性別、障害、人種、経済状きょうなどのちがいによって取り残される心配がないかん境であることだと思います。この考えから、Bにバスを停車させることが最もよいと考えました。

Bは、「自動車で来る利用者の割合」がAからEの中で最も低く、「すでにあるバス停からの距離」も長いです。Bは全世代が利用する公共施設ですが、特に、「児童館」と「市役所の出張所」に来る人のことを想像してみました。「児童館」には、子どもや、子どもを連れた人がたくさん来ます。「市役所の出張所」には、遠くにある市役所に行くのが大変な高れい者や障害者も来ます。そのような人たちがバス停から約三キロの道のりを歩いて移動するのは、とても大変です。自動車で来ることができない人や移動に支えんが必要な人が取り残されないようにするため、つまり、すべての人が安心して来られる場所にするために、Bにバスを停車させるのがよいと考えました。

《解答例》【ものづくり(理工)分野】

1 (1)ア．0.71　イ．$\frac{3}{700}$　(2)69　(3)47　(4)$2\frac{1}{3}$

2 (1)6　(2)①３，４，１，２　②$10-x$　③90

3 (1)①138.5　②い．５　う．２　③右図　(2)①(ⅰ)171

(ⅱ)求め方…0.2㎜は0.02㎝なので，１辺が0.2㎜の正方形の面積は，0.02×0.02＝0.0004㎠となる。つまり，ヒマワリの葉の裏側の面積0.0004㎠の範囲の中に「気こう」が９個あるといえる。観察したヒマワリの葉の裏側全体の面積171㎠は，0.0004㎠の427500倍の大きさなので，葉の裏側全体にある「気こう」の数は，９×427500＝3847500個となる。／3847500　②右グラフ

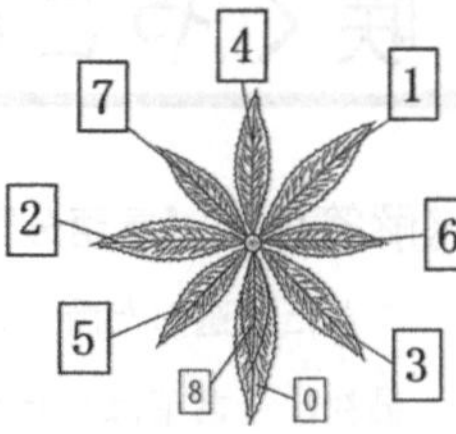

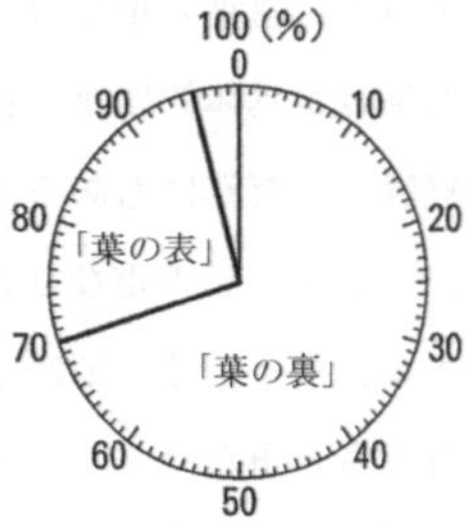

《解　説》【ものづくり(理工)分野】

1 (1)　$\frac{5}{7}$＝５÷７＝0.714…より，小数第三位を四捨五入すると，0.71となる。また，$\frac{5}{7}$と0.71の差は，0.71＝$\frac{71}{100}$より，$\frac{5}{7}-\frac{71}{100}=\frac{500}{700}-\frac{497}{700}=\frac{3}{700}$

(2)　乗用車の台数の割合が46%だから，乗用車以外の台数の合計の割合は100－46＝54(%)である。乗用車以外の台数の合計は，43＋16＋７＋15＝81(台)となるので，求める台数は$81\times\frac{46}{54}$＝69(台)である。

(3)　バナナを選んだ児童128人のうち，みかんを選ばなかった児童が最も少なくなるのは，みかんを選んだ児童81人がすべてバナナを選んだ場合だから，求める人数は128－81＝47(人)である。

(4)　台形ＡＢＦＥと台形ＥＦＣＤの面積の比が５：７だから，台形ＡＢＦＥと台形ＡＢＣＤの面積の比は５：(５＋７)＝５：12である。また，台形ＡＢＦＥと台形ＡＢＣＤの高さは等しいから，面積の比は上底と下底の和の比と等しい。台形ＡＢＣＤの上底と下底の和は３＋５＝８(㎝)だから，台形ＡＢＦＥの上底と下底の和は$8\times\frac{5}{12}=\frac{10}{3}$(㎝)であり，これがＡＥ＋ＢＦ＝１＋ＢＦに等しい。したがって，ＢＦ＝$\frac{10}{3}-1=\frac{7}{3}=2\frac{1}{3}$(㎝)

2 (1)　$\boxed{5}\boxed{1}\boxed{4}\boxed{2}\boxed{3}$→$\boxed{1}\boxed{5}\boxed{4}\boxed{2}\boxed{3}$→$\boxed{1}\boxed{4}\boxed{5}\boxed{2}\boxed{3}$→$\boxed{1}\boxed{4}\boxed{2}\boxed{5}\boxed{3}$→$\boxed{1}\boxed{2}\boxed{4}\boxed{5}\boxed{3}$→$\boxed{1}\boxed{2}\boxed{4}\boxed{3}\boxed{5}$→$\boxed{1}\boxed{2}\boxed{3}\boxed{4}\boxed{5}$の順に入れかえるので６回である。

(2)①　移動回数が２回になる条件は，はじめの位置が並べかえが終わるときの位置と同じであるか，並べかえが終わるときの位置の２つ横にあるかのどちらかである。

$\boxed{1}$は左どなりにカードがあれば必ず入れかえるので，２回移動するためには左端《はし》から３枚目となる必要がある。

同様に，$\boxed{4}$は右にカードがあれば必ず入れかえるので，左端から２枚目にある必要がある。

左端と右端は，並べかえが終わるときの位置の２つ横にあるカードとなる。

よって，条件を満たす並び方は$\boxed{3}\boxed{4}\boxed{1}\boxed{2}$となり，実際に並べかえを行うとどのカードも移動回数が２回になる。

②　具体的に数字をあてはめて考える。右端から１枚目のカードが$\boxed{1}$のとき，必ず左端から１枚目に移動するので，移動回数は10－１＝９である。同様に右端から１枚目のカードが$\boxed{2}$のとき，左端から２枚目に移動するので，移動回数は10－２＝８である。よって，カードに書かれた整数がxのときの移動回数は$(10-x)$回である。

③　②の解説をふまえる。$\boxed{1}$の移動回数が最大になるのは右端から１枚目のときの９回である。

$\boxed{2}$の移動回数が最大になるのは，１と入れかえて１回右に移動し，左に８回移動するときだから，右端から

２枚目のときの９回である。

③の移動回数が最大になるのは，１，２と入れかえて２回右に移動し，左に７回移動するときだから，右端から３枚目のときの９回である。

同様に考えていくと，10枚のカードすべての移動回数が９回となり，最大になる。

よって，求める回数は$10\times 9=90$(回)である。

3 (1)① ５周すると開度の合計は$360\times 5=1800$(度)となり，０の葉から最初に重なる葉までに，葉は13枚あるので，$1800\div 13=138.46\cdots\rightarrow 138.5$度となる。　② 開度が144度だから，144と360の最小公倍数を見つける。$144=2\times 2\times 2\times 2\times 3\times 3$，$360=2\times 2\times 2\times 3\times 3\times 5$より，最小公倍数は$2\times 2\times 2\times 2\times 3\times 3\times 5=720$(度)となる。よって，$720\div 144=5$(枚)の葉で$720\div 360=2$(周)する。　③ ３周すると開度の合計が$360\times 3=1080$(度)となり，０の葉から最初に重なる葉までに，葉は８枚あるので，$1080\div 8=135$(度)となる。よって，０の葉から時計と反対回りに135度回転したところに１の葉があり，１の葉から時計と反対回りに135度回転したところに２の葉があり，…，７の葉から時計と反対回りに135度回転したところに８(０)の葉がある。

(2)①(ⅰ) 図ｉのように，六角形ＡＢＣＤＥＦを２つの図形に分ける。台形ＡＢＣＦの面積は$(6+18)\times 12\div 2=144$(㎠)，台形ＦＣＤＥの面積は$(6+12)\times 3\div 2=27$(㎠)となるので，$144+27=171$(㎠)となる。

図ｉ

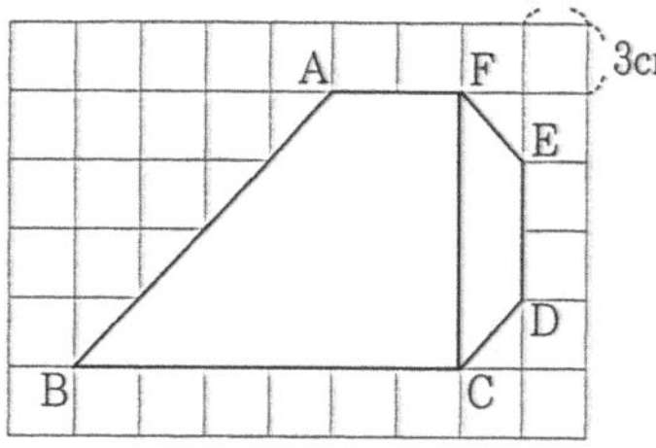

(ⅱ) 0.2㎜→0.02㎝より，$0.02\times 0.02=0.0004$(㎠)の範囲《はんい》に気こうが９個ある。よって，171㎠の範囲にある気こうの数は$9\times\frac{171}{0.0004}=3847500$(個)となる。　② 「葉の表」から出ていった水の重さは，$Z-Y=5.0-3.7=1.3$(ｇ)，「葉の裏」から出ていった水の重さは$Z-X=5.0-1.5=3.5$(ｇ)，蒸散によって出ていった水の重さは5.0ｇだから，「葉の表」から出ていった水の重さの割合は$\frac{1.3}{5.0}\times 100=26$(％)，「葉の裏」から出ていった水の重さの割合は$\frac{3.5}{5.0}\times 100=70$(％)となる。円グラフで，「葉の表」と「葉の裏」の割合の合計が$70+26=96$(％)となる。

《解答例》 【芸術(美術・デザイン)分野】

解答例は非掲載とさせていただきます。

《解答例》

1　⑴a．ウ　b．ウ　c．ア　⑵A．エ　B．イ　⑶ウ　⑷もともと　⑸オオバコにとって逆境とは踏まれることであり、逆境をプラスに変えるとは、踏まれることを利用して人や車に種子を運んでもらい、分布を広げていくことである。

2　⑴426　⑵□…2　△…2.5　⑶①50　②縦…6　横…6　③521.4　⑷①37　②22，30

《解　説》

1　⑶　（　Ⅰ　）の直前に「茎《くき》は葉とは逆の構造である」とある。前の段落で，葉は，外がやわらかく，中に丈夫《じょうぶ》な筋が通っていると説明されている。茎はその逆なので，外が硬《かた》く，中がやわらかい。よって，「外側」のⅠは「硬い」となり，「内部」「中」のⅡとⅣは「やわらかい」となる。よって，ウが適する。

⑷　次の一文に「もともとオオバコの種子が持つ粘着《ねんちゃく》物質は～するためのものであると考えられている」とある。「もともと～のため」とあるので，この一文が粘着物質の本来のはたらきを説明したものである。

⑸　最後から3～5段落目で，オオバコは，踏まれることで人や車に種を運んでもらい，分布を広げていることが説明されている。これを受けて，最後から2段落目で，「踏まれなければ困るほどまでに，踏まれることを利用している～まさに逆境をプラスに変えているのだ」と説明している。

2　⑴　色画用紙の面積は42×59＝2478(㎠)，絵をかいた紙の面積は38×54＝2052(㎠)だから，求める面積は，2478－2052＝426(㎠)

⑵　絵をかいた紙と色画用紙について，縦の長さの差は42－38＝4(㎝)，横の長さの差は59－54＝5(㎝)だから，□＝4÷2＝2(㎝)，△＝5÷2＝2.5(㎝)

⑶①　縦1列の画びょうの個数は4＋1＝5(個)，横1列の画びょうの個数は9＋1＝10(個)となるから，求める個数は，5×10＝50(個)

②　①より，必要な画びょうの個数は，{(縦の枚数)＋1}×{(横の枚数)＋1}で求められる。
36＝1×36＝2×18＝3×12＝4×9＝6×6だから，考えられる画びょうの個数は，(1＋1)×(36＋1)＝74(個)，(2＋1)×(18＋1)＝57(個)，(3＋1)×(12＋1)＝52(個)，50個，(6＋1)×(6＋1)＝49(個)である。よって，必要な画びょうの個数がもっとも少なくなるのは，縦6枚，横6枚のときである。

③　「作品」の縦の長さの4倍は，42×4＝168(㎝)であり，縦の重ねる部分は4－1＝3(か所)あるから，☆の長さの3倍が168－164.4＝3.6(㎝)，☆の長さが3.6÷3＝1.2(㎝)だとわかる。
「作品」の横の長さの9倍は59×9＝531(㎝)であり，横の重ねる部分は9－1＝8(か所)あるから，大きな長方形の横の長さは，531－1.2×8＝521.4(㎝)

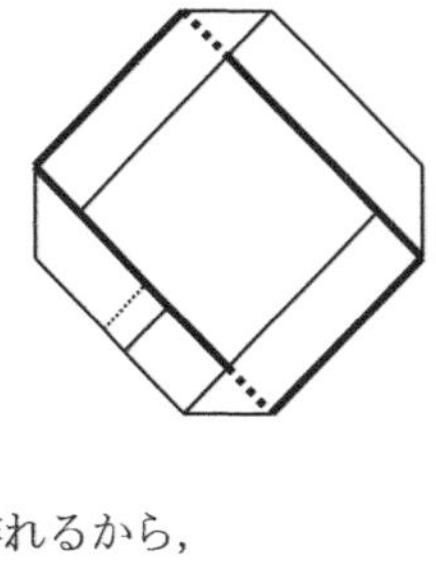

⑷①　端《はし》と端を1㎝重ねた部分を除くと，紙テープの長さは，右図の太線の長さに等しい。太線の長さの和は，7×4＋2×4＝36(㎝)だから，紙テープの長さは，36＋1＝37(㎝)

②　「飾り」を1個作るのに，1分30秒＝90秒かかる児童が4人，1分15秒＝75秒かかる児童が5人いる。90と75の最小公倍数は450なので，450秒後を考えると，
90秒かかる児童は1人で450÷90＝5(個)，75秒かかる児童は1人で450÷75＝6(個)作れるから，
あわせて5×4＋6×5＝50(個)作れる。よって，あわせて150個の「飾り」ができるのは，作りはじめてから
450×$\frac{150}{50}$＝1350(秒後)，つまり，1350÷60＝22余り30より，22分30秒後である。

《解答例》

(例文)

私が咲くやこの花中学校に入学を希望する理由は、将来アニメーターになりたいという夢があるからです。以前、咲くやこの花中学校の芸術分野の卒業生の作品を見て、とても感動しました。個性的な発想と、様々な表現方法にふれて、私も自分の作品で人をおどろかせたり、感動させたりしたいと思いました。そのために、芸術を勉強するかん境の整った咲くやこの花中学校に入学すれば、六年間でじゅう実した勉強ができると考えました。

入学後にがんばりたいことは、芸術についてはば広く学ぶことです。また、美術部に入り、先生や先ぱい方から多くの事を学び、たくさんのし激を受けたいと思っています。

咲くやこの花中学校【言語分野】 2022 令和4年度 適性検査Ⅱ

《解答例》

1　(例文)絵の候補…㋒

　私が㋒の絵を選んだ理由は、小学校で印象に残っている思い出のほとんどが、友達と過ごしたものであり、友達から学んだことがたくさんあるからだ。

　印象に残っている思い出の一つが遠足だ。行き帰りのバスの中で友達とたくさんしゃべったり、公園でおにごっこをしたり、お弁当のおかずを交かんしたりと、楽しい思い出がたくさんある。そして、そのほとんどが、友達と過ごした思い出である。また、友達と付き合う中で学んだこともたくさんある。けんかしたり、仲直りしたり、協力して何かをしたり、友達の長所を見つけて学んだりと、いろいろなことを経験し、学んできた。いやなことや苦しいこともあったが、友達といっしょに過ごすことで、大きく成長できたと思う。

　もし、たくさんの友達との出会いや、いっしょに過ごした時間がなかったとしたら、私の小学校の六年間は、とてもつまらないものになり、今ほどには成長できていなかったと思う。小学校を卒業するにあたって、友達みんなにあらためて感謝したいと思う。

2　(例文)

　資料①からは、小学生から高校生まで、どの年代でも、年々インターネットの利用時間が増えていることが読み取れる。私は、インターネットで動画をよく見るが、見始めるとなかなかやめられない。インターネットを利用する時間が長くなればなるほど、勉強時間やすいみん時間が少なくなってしまう。だから、日常生活に支障が出ないように、インターネットの利用時間を決めてそれを守るようにしたいと思う。

　資料②からは、年代が上がるにつれて、インターネットで情報検索をする人の割合が増えることが読み取れる。インターネット上にはぼう大な情報があり、知りたいことや、それに関する内容がすぐに見つかる。こうした便利な面がある一方で、まちがった情報や不確かな情報、非常にかたよった意見などもたくさんふくまれている。インターネットで何かを調べる際には、情報源を調べたり、いろいろな意見を読んだりして、うのみにしないように気をつけたい。

《解　説》

1　それぞれの絵が表すものを読み取り，卒業を前にした自分の思いと関係があるものを選ぶ。㋐の虹は幸運や明るい未来を表し，鳩は平和の象徴《しょうちょう》とされることが多い。㋑の校舎の絵は，学校生活の場を表すものであり，桜は入学式や卒業式が行われる時期に咲いている。㋒の絵からは，人とのつながりや連帯を想像することができる。

2　【資料①】からは，すべての年代で，年々インターネットの利用時間が増えていることや，年代が上がるにつれて，利用時間が長くなることが読み取れる。【資料②】については，自分がどのようにインターネットを利用するかに応じて項目《こうもく》を選び，わかることを書くようにする。

咲くやこの花中学校【ものづくり(理工)分野】
【芸術(美術・デザイン)分野】 2022 令和4 年度 適性検査Ⅱ

《解答例》【ものづくり(理工)分野】

1　(1)①15，16　②36，37　(2)①(ⅰ)180　(ⅱ)13　(ⅲ)86　②(ⅰ)ウ．2　エ．4　(ⅱ)39.5

2　(1)①157　②112　(2)記号…イ　説明…直方体D全体が水面より下にあるとすると，直方体Dがおしのけた水の重さは 480 g であり，これよりも直方体Dの重さ 325 g の方が軽いから。　(3)①0.2　②物体E…15　物体F…10　(4)①1080　②5.2

《解　説》【ものづくり(理工)分野】

1　(1)①　Aは１＋２＝３(秒)ごと，Bは２＋３＝５(秒)ごとに，点灯消灯をくり返す。よって，３と５の最小公倍数である 15 秒を１周期と考えると，１周期ごとに右のような点灯消灯をくり返すことがわかる(色付き部分が消灯状態)。よって，A，Bが１秒間ともに点灯状態であることは，１周期ごとに２回(０秒後から１秒後までと６秒後から７秒後まで)ある。

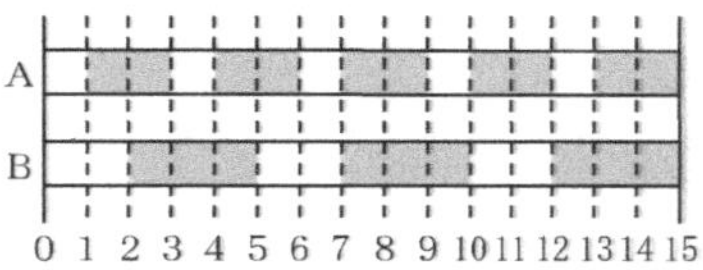

したがって，３回目は，２周期目の１回目である，15 秒後から 16 秒後までである。

②　①より，６回目は，３周期目の２回目である，15×２＋６＝36(秒後)から 37 秒後までである。

(2)①(ⅰ)　(1)と同様に考えると，１周期(15 秒)ごとに右のような点灯消灯をくり返すことがわかる(色付き部分が消灯状態)。

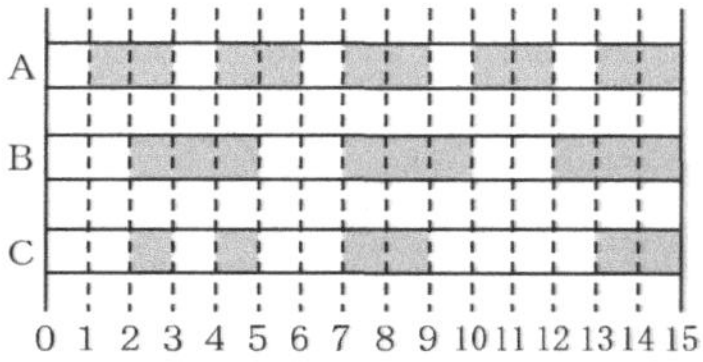

よって，Cは 15 秒ごとに９秒だけ点灯状態であることがわかる。

５分間＝(５×60)秒間＝300 秒間だから，求める時間は，$9\times\frac{300}{15}=180$(秒)

(ⅱ)　(ⅰ)の図より，１周期のうち，５秒間のCの状態が図３のようになるのは，５秒後からと 11 秒後からの２回ある(15 秒後から 16 秒後までは点灯状態のため)。100÷15＝６余り 10 だから，100 秒後は，７周期目の 10 秒後である。Cの状態が図３のようになるのは，６周期目までに２×６＝12(回)あり，７周期目の５秒後にあと１回あるから，アにあてはまる整数は 12＋１＝13(個)ある。

(ⅲ)　(ⅰ)の図より，１周期目のうち，㋐A～Cのうち２つが点灯状態で１つが消灯状態である時間は，１～２秒後，３～４秒後，５～６秒後，９～13 秒後だから，全部で７秒ある。

40÷７＝５余り５より，５周期目までで㋐は７×５＝35(秒)ある。よって，㋐が 40 秒となるのは，６周期目の 11 秒後なので，求める数は，15×５＋11＝86

②(ⅰ)　A，Bのスイッチは同時に入れないので，０秒後は考えない。

Aのスイッチを入れてからの５秒間，Aは０～１秒後，３～４秒後の２秒間点灯状態である。

この５秒間だけで考えると，Bはスイッチを入れ始めてから最初の２秒間だけ点灯状態になる。Cが点灯状態である時間を３秒にするには，Bが点灯状態である２秒間のうち，１秒間はAが消灯状態になっていればよい。

よって，Aのスイッチを入れてウ2秒後からエ4秒後までの間にBのスイッチを入れればよい。

（ⅱ） Aのスイッチを入れて3.5秒後にBのスイッチを入れるので，3.5秒後から，１周期(3.5～18.5秒までの15秒)ごとに，右のような点灯消灯をくり返す。3.5秒後までに３つが点灯状態である時間はない。

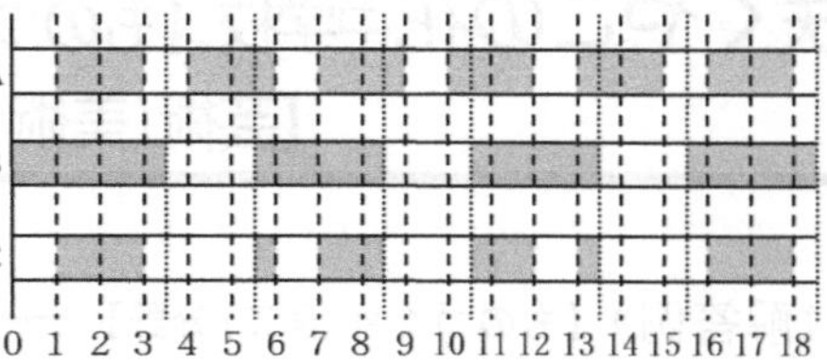

3.5秒後を基準とすると，１周期のうち，３つが点灯状態である時間は，０～0.5秒後，5.5～6.5秒後，11.5～12秒後の２秒である。

５分＝300秒のうち，最初の3.5秒を除く300－3.5＝296.5(秒)を考えると，296.5÷15＝19余り11.5より，

20周期目は11.5秒後までを考えるから，20周期目で３つが点灯状態である時間は，0.5＋１＝1.5(秒)

したがって，求める時間は，２×19＋1.5＝39.5(秒)

2 (1)① 求める体積は，(2.5×2.5×3.14)×８＝50×3.14＝157(㎤)

② 図３より，物体が水に浮いているときは，「物体がおしのけた水の重さ」と「物体の重さ」が等しい。

よって，円柱Cの重さは，円柱Cがおしのけた水の重さに等しい。円柱Cの水面より下になる部分の体積が112㎤で，水１㎤の重さが１ｇだから，求める重さは112ｇである。

(2) 直方体D全体が水面より下にある場合，直方体Dが押しのけた水の重さは，直方体Dの体積分の水の重さである。直方体Dの体積は10×８×６＝480(㎤)だから，押しのけた水の重さは480ｇとなる。

これよりも直方体Dの重さ(325ｇ)の方が軽いので，直方体Dは浮くことがわかる。

(3)① Eは水にしずんだので，(㋐水面の高さ30㎝から上がった部分の立体の体積)＝(Eの体積)＝500㎤

㋐の底面積は水そうの底面積に等しく50×50＝2500(㎠)だから，求める高さは，㋐の高さに等しく，500÷2500＝0.2(㎝)

② つるかめ算を用いる。①と同様に考えると，Fを１個入れると水面の高さは350÷2500＝0.14(㎝)増えることがわかる。25個全部Eを入れると，水面の高さは0.2×25＝５(㎝)増え，実際よりも５－4.4＝0.6(㎝)高くなる。

E１個をF１個に置きかえると，高さは0.2－0.14＝0.06(㎝)低くなるので，Fは0.6÷0.06＝10(個)，Eは25－10＝15(個)入れた。

(4)① 直方体の底面積は，30×30＝900(㎠)

直方体Hの方が直方体Gよりも，水面より下になる部分の体積が900×1.2＝1080(㎤)大きいので，「物体がおしのけた水の重さ」が1080ｇ大きい。よって，求める差は1080ｇである。

② ①より，水面より上の高さの差と，物体がおしのけた水の重さの差は，比例の関係にあることがわかる。

図８の状態から，直方体Gのおもりを直方体Hに移すと，のっているおもりの差は1080＋630×２＝2340(ｇ)となるから，物体がおしのけた水の重さの差も2340ｇとなる。

図８の状態と比べて，物体がおしのけた水の重さの差は，2340÷1080＝$\frac{13}{6}$(倍)になったので，水面より上の高さの差は，1.2×$\frac{13}{6}$＝2.6(㎝)となる。よって，水面より上の高さの比である２：１について，比の数の差の２－１＝１が2.6㎝にあたるから，求める高さは，2.6×２＝5.2(㎝)

《解答例》【芸術(美術・デザイン)分野】

解答例は非掲載とさせていただきます。

咲くやこの花中学校【各分野共通】 2021 令和３年度 適性検査Ⅰ

《解答例》

1 問１．A．竹　B．穴　C．攵　問２．イ　問３．ア　問４．Ⅰ．バスケットゴールにシュートする形でごみを捨てられるようにした　Ⅱ．ごみ箱の利用人数が、「しかけ」のないごみ箱の一・六倍だった

問５．（例文）

私は、ごみ箱に「しかけ」を付けることに賛成だ。なぜなら、ごみをポイ捨てする人が減るからだ。ポイ捨てされたプラスチックごみが海に流れ着き、海をよごし、海の生き物にひ害をあたえている。ポイ捨てが減れば、そのような問題の改善にもつながると思う。さらに、単にごみを捨てるだけでなく、地域ごとのルールに応じて正しく分別できるような「しかけ」に進化すると良いと思う。

一方で、最終的には、「しかけ」などなくてもみんながごみをきちんと捨てられる世の中であってほしいと思っている。だから、現在ポイ捨てが多くて困っている場所や、生活習慣を身につける年れいの子どもが多く利用するし設などを選んで、「しかけ」の付いたごみ箱を設置すると良いと思う。

2 (1)①150　②345　(2)買うパックの記号…イ，ウ　代金…418　(3)48　(4)100　(5)35　(6)16.7　(7)5，19　(8)168

《解　説》

1 **問１A**　「箱」の部首は「たけかんむり」。「たけかんむり」は，竹を使った道具を表す漢字や，文書（昔は文字を書くのに竹の札を使った）に関する漢字などに見られる。　**B**　「究」の部首は「あなかんむり」。「あなかんむり」は，穴の状態や，穴をあけることなどに関する漢字に見られる。　**C**　「数」の部首は，「ぼくづくり」。「ぼくづくり」は，打つ，たたく，強制するなどの意味をもつ漢字に見られる。

問２　修飾《しゅうしょく》とは，ほかの語句の意味を限定したりくわしく説明したりすること。係る語句と受ける語句の関係を理解しよう。「予想どおり」どうだったのか，と考えると，イの「大人気で」に係るとわかる。

問３　ぬけている文章では，ごみ箱のなかの「音が鳴る『しかけ』」について具体的に説明している。よって，ごみを入れると「ヒュ〜ッ」「ガシャーン！」と音がするごみ箱を取り上げた①の段落のあとに入ると考えられる。

問４Ⅰ　文章の後半の「バスケットゴールがついています」「シュートしたくなりますね〜失敗した人は拾って，またシュートしていました」という内容から説明する。【スウェーデンの公園にあるごみ箱】のまとめにある「ごみを捨てると音が鳴る」のように，ごみを捨てるにあたってどのような「しかけ」になっているのかを説明する必要がある。単に「バスケットゴールがついている」だけでは不正解。　**Ⅱ**　【スウェーデンの公園にあるごみ箱】のまとめにある「１日で 72 キロ」のように，数字を用いて示したい。そこで，文章の後半の「利用人数を数えたところ，１・６倍の人が左のごみ箱（バスケットゴール）のほうにごみを投げ入れました」に着目する。「１・６倍」が，何の「１・６倍」なのかがわかるように説明しよう。

問５　「しかけ」が何を目的としているのかをおさえておこう。筆者は，前半で「ごみを捨てるのがたのしくなるので，きっとポイ捨ても減るし，道に捨てられているごみも少なくなるでしょうね」，後半で「ポイ捨てするよりもシュートしたくなりますね」と述べている。つまり，ポイ捨てを減らすことを目的とした，捨てることをたのしませる「しかけ」である。そのような「しかけ」に対して自分がどう考えるかを書こう。

2 (1)　６人分ならば，４人分の材料を$\frac{6}{4}=\frac{3}{2}$（倍）すればよいから，にんじんは$100\times\frac{3}{2}=$①150（g），じゃがいもは

$230\times\frac{3}{2}=$ ②345(g)必要である。

(2)　6人分の肉の分量は$250\times\frac{3}{2}=375$(g)である。アならばこれだけで分量は足りて，代金は425円である。ウの量は$220\times(1+\frac{10}{100})=242$(g)だから，ア以外の2つの組み合わせで量が375g以上になるのは，イとウの$140+242=382$(g)か，ウとエの$242+180=422$(g)である。エの値段は$220\times(1-\frac{2}{10})=176$(円)でイの方が安いから，イとウの組み合わせの方が代金が安い。イとウの代金は$168+250=418$(円)で，アよりも安いから，この組み合わせを買えばよい。

(3)　表1を見ると進んだ道のりが48㎞のままになっている時間帯があるので，この間にサービスエリアで休けいしたとわかる。よって，サービスエリアはグラウンドから48㎞進んだところにある。

(4)　表1を見ると，サービスエリアにいる間以外は10分ごとに8㎞進んでいるとわかる。かかる時間は道のりに比例するから，休けいしなかった場合，グラウンドからキャンプ場までかかる時間は，$10\times\frac{80}{8}=100$(分)

(5)　看板はサービスエリアから$80-4-48=28$(㎞)進んだ地点にある。バスは28㎞進むのに，$10\times\frac{28}{8}=35$(分)かかったから，求める時間は35分後である。

(6)　割引率は人数に関係ないので，1人あたりの料金で比べればよい。団体料金だと，個人料金の600円が$600-500=100$(円)引きになるから，$\frac{100}{600}\times100=16.66\cdots$より，16.7%引きになる。

(7)　子どもが24人だと入場料の合計は$500\times24=12000$(円)になり，実際より$14500-12000=2500$(円)低くなる。子ども1人を大人1人に置きかえると，入場料の合計が$1000-500=500$(円)高くなるから，大人の人数は，$2500\div500=5$(人)，子どもの人数は，$24-5=19$(人)である。

(8)　個人料金で入場した大人が22人で，これは団体料金で入場した大人の2割だから，団体料金で入場した大人は，$22\div\frac{2}{10}=110$(人)である。したがって，この日の入場者のうち大人は$22+110=132$(人)である。大人と子どもの人数の比は，$44:(100-44)=11:14$だから，子どもの人数は，$132\times\frac{14}{11}=168$(人)

《解答例》

1 （例文） 選んだ言葉の番号…③

私は、イチロー選手の「それはどんな仕事にも生きるはずだ。」という言葉を信じる。

私は以前、そうじがきらいだった。しかし、仕方なくやっているうちに、細かい所までこだわってきれいにするのが楽しくなり、そうじが得意になった。また、きれいになったことを他の人が喜んでくれるのがうれしく、そうじが好きになった。このように、きらいなことでも根気よく続けていると、自分の可能性を広げることがあるのだと思う。

人生の中で、きらいなことをしなければならない場面はたくさんある。学校も職場も、どんなに選んで入っても、自分に一〇〇パーセント合うことはないだろう。だからこそ、置かれた場所で、自分に課せられたことに精いっぱい取り組むことのできる力が必要なのだと考える。きらいでもにげずにやってみる、くじけずに続けてみる、そのような姿勢が身についていれば、困難やつらさの先に、自分らしい道を開くことができると思う。

2 （例文）

私は、「紙の本を読みたかったが、読まなかった」と答えた人のうち、「電子書籍を読みたかったが読まなかった」、「電子書籍を読もうと思わなかった」と答えた人に、電子書籍での読書をすすめるのが効果的だと考える。校内での活動として、図書委員会が、電子書籍の使い方や特ちょうをしょうかいする「図書館だより」を発行すると良いと思う。

紙の本を読まなかった理由は、持ち歩く際に重かったり、場所をとったり、在庫切れが多かったりするからだろう。それならば、一台のたん末で何冊でも読むことができ、在庫切れがない電子書籍をすすめれば良いと考えた。【資料２】から、出版市場全体が縮小していく中で、電子出版市場が拡大していることが読み取れる。電子書籍の出版点数は増え続け、たん末も利用しやすくなっているのだ。だから、「紙の本を読みたかったが、読まなかった」という人に電子書籍の良さを伝えれば、読書の機会が増えると思う。

《解　説》

1 ①～③の言葉に，それぞれどのような思いがこめられているかを【調べたこと】から読み取ろう。①ならば「会社がうまくいかなくなることが何度もありました。でも，あきらめずに挑戦《ちょうせん》を続け」「すべてはたった一ぴきの小さなネズミ～から始まった。それを忘《わす》れてはいけない」，②ならば「発表された当時，あまり評判がよくありませんでした。でも～妖怪《ようかい》が大好きで～楽しいはず』と信じていました」「それだけ『好き』の力が強かったのです」，③ならば「大人になると，気の進まないことをしなければならないこともある～しっかりやる姿勢《しせい》を身につければ，それはどんな仕事にも生きるはずだ」という点がポイントである。

2 話し合いの中で，Aさんが割合の高い項目《こうもく》に着目したり，Bさんが「電子書籍《しょせき》に興味を持っていそう」な人に着目したりしているのを参考にしよう。【資料２】からは，出版市場《しじょう》全体が縮小していること，紙の出版市場が縮小していること，その中で電子出版市場が急速に拡大していることが読み取れる。そもそも本を読みたいと思っているかどうか，電子書籍に関心があるかどうかといったちがいをふまえ，図書委員会としてどのようにすすめれば本を読む人が増えるのか，具体的に考えよう。

《解答例》【ものづくり(理工)分野】

1 (1)①72　②54　(2)①５×(□－１)＋５×(□－１)＋５×５＝95　②８　(3)3179
(4)色のぬられ方…３面に色がぬられている。　個数…１　(5)11

2 (1)3808　(2)216　(3)34　(4)59.2　(5)記号…ア　理由…メスになるのは60個のうちの$\frac{1}{2}$であり，そのうち卵を産むところまで成長するのは４％＝$\frac{4}{100}$だから，60個の卵から生まれたこん虫のうち次に卵を産むのは，$60\times\frac{1}{2}\times\frac{4}{100}=1.2$(ひき)である。１より大きいので，このこん虫の数はだんだん増えていく。　(6)５　(7)82

《解　説》【ものづくり(理工)分野】

1 (1)①　４×６×３＝72(個)

②　３×４＋３×６＋４×６＝54(㎠)

(2)①　色がぬられた積み木は，右図のように３種類に分けることができる。

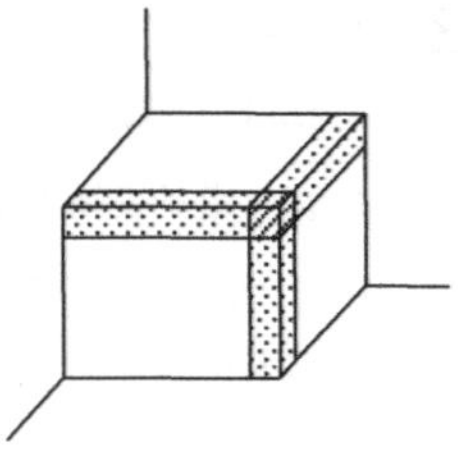

斜線の１個の積み木は３面がぬられた積み木である。
直方体の辺にそって並ぶ色をつけた積み木は，２面だけがぬられた積み木である。
白い積み木は１面だけがぬられた積み木である。
ａ＝６，ｂ＝６，ｃ＝□のとき，白い部分の個数は，縦□－１(個)，横６－１＝５(個)の長方形２つと，縦５個，横５個の長方形１つ分である。
よって，求める式は，５×(□－１)＋５×(□－１)＋５×５＝95

②　①で求めた式より，(□－１)×(５＋５)＝95－25　(□－１)×10＝70　□－１＝70÷10
□＝７＋１＝８　よって，この直方体の高さは８㎝である。

(3)　ａ＝ｂ＝□とする。(2)をふまえる。色をつけた部分の個数は，□－１(個)と□－１(個)と12－１＝11(個)の合計だから，(□－１)×２＋11＝45　(□－１)×２＝45－11　□－１＝34÷２　□＝17＋１＝18
色がぬられた積み木を取り除くと，色がぬられていない積み木で作られた直方体が現れ，底面は１辺に積み木が18－１＝17(個)並ぶ正方形で，高さにそって12－１＝11(個)積まれている。
よって，色がぬられていない積み木の個数は，17×17×11＝3179(個)

(4)　(2)の解説の斜線の積み木は，必ず１個だけ存在する。

(5)　(3)より，２面だけ色がぬられた積み木の個数は，(ａ－１)＋(ｂ－１)＋(ｃ－１)＝ａ＋ｂ＋ｃ－３(個)である。したがって，ａ×ｂ×ｃ＝84となるａ，ｂ，ｃについて，ａ＋ｂ＋ｃの値《あたい》が最小になればよい。
例えば，ｃ(高さ)を１に固定して，ａとｂの値を変化させると，ａ＝84，ｂ＝１のときと，ａ＝４，ｂ＝21のときでは，あとの方がａ＋ｂの値が小さくなる。ａ＋ｂの値が最小になるのは，ａとｂの差が最小になるときである。ｃについても同様のことがいえるので，ａ，ｂ，ｃのたがいの差が最小となればよい。
84＝２×２×３×７を，条件に合うように３数の積で表すと，４×３×７となる。よって，ａ，ｂ，ｃの組み合わせが４，３，７ならば２面だけぬられた積み木の個数が最少になり，その個数は，４＋３＋７－３＝11(個)

2 (1) 5個の区画について，区画1個あたりのアブラナの平均の本数は，(12＋14＋20＋21＋18)÷5＝17(本)

花畑全体の面積は28×32＝896(㎡)で，1個の区画の面積は2×2＝4(㎡)だから，区画は全部で896÷4＝224(個)ある。よって，アブラナの本数は，17×224＝3808(本)と考えられる。

(2) 2回目につかまえたときについて，(つかまえたモンシロチョウの数)：(印のついたモンシロチョウの数)＝36：8＝9：2だから，花畑全体について，(モンシロチョウの数)：(印のついたモンシロチョウの数)＝9：2である。よって，モンシロチョウの数は，$48\times\frac{9}{2}=216$(ひき)と考えられる。

(3) 成虫にまで成長する割合は，卵の数の20%だから，$170\times\frac{20}{100}=34$(ひき)

(4) 卵が100個だとすると，76ひきが幼虫になり，そのうち45ひきがさなぎになる。

よって，さなぎになるのは幼虫の$\frac{45}{76}$だから，$\frac{45}{76}\times100=59.21\cdots$より，約59.2%である。

(5) 解答例で，次に卵を産むこん虫の数が1.2ひきとなっていて整数ではないが，具体的な数ではなくおよその数を表しているので，整数でなくても構わない。

(6) この動物1頭が1日に食べる草の量を$\boxed{1}$とする。67頭の動物が41日で食べる草の量は$\boxed{1}\times67\times41=\boxed{2747}$，87頭の動物が31日で食べる草の量は$\boxed{1}\times87\times31=\boxed{2697}$だから，41－31＝10(日)で生える草の量は，$\boxed{2747}-\boxed{2697}=\boxed{50}$である。したがって，1日に生える草の量は，$\boxed{50}\div10=\boxed{5}$だから，この草原の草がなくならないのは，動物が5頭以下の場合である。

(7) (6)より，41日で生える草の量は$\boxed{5}\times41=\boxed{205}$だから，最初に生えている草の量は，$\boxed{2747}-\boxed{205}=\boxed{2542}$

36頭の動物がいると，草は1日で$\boxed{1}\times36-\boxed{5}=\boxed{31}$減るから，$\boxed{2542}\div\boxed{31}=82$(日)で草がすべてなくなる。

《解答例》【芸術(美術・デザイン)分野】【スポーツ分野】

省略

咲くやこの花中学校【各分野共通】　2020 令和2年度　適性検査Ⅰ

《解答例》

1　問1．A．ウ　B．ア　C．イ　問2．ア　問3．(1)エ　(2)イ　問4．本／木　問5．エ

問6．(例文)私は本文を読み、自分の前に大きな可能性が広がっていると感じ、とても勇気づけられた。しかし、人生の大切な事柄を決断する日は意外に早くやってくる、という部分にはっとした。未来が決まっていないからと言って、何もせずに現在を過ごしていたら、いざ決断するときに選べる道がせばまっているかもしれない。私は将来、海外の人に日本を案内するガイドの仕事をしたいと思っている。そのためには、英語の力はもちろん、日本の歴史や地理、海外の文化などの様々な知識が必要になる。今何も勉強しないでいたら、ガイドにはなれず、その時にできる仕事をするしかないだろう。そういう行き当たりばったりの決断にならないよう、理想の未来を実現するために、努力しながら進んでいきたい。

2　(1)11　(2)15　(3)1，40　(4)劇…18　合唱…13　(5)2　(6)20×□＋15×(10－□)＋5×9＝60×3＋30

(7)劇…3　合唱…7

《解　説》

適性検査Ⅰ

1　著作権に関係する弊社《へいしゃ》の都合により本文を非掲載《ひけいさい》としておりますので、解説を省略させていただきます。ご不便をおかけし申し訳ございませんが、ご了承《りょうしょう》ください。

2　(1)　劇をするクラスの数が決まれば，合唱をするクラスの数は1通りに決まる。劇をするクラスの数は，0クラス，1クラス，2クラス，…，10クラスの11通りある。

(2)　学習発表会全体の時間は，3時間15分＝(60×3＋15)分＝195分である。休けいは，10－1＝9(回)あるから，休けい時間の合計は5×9＝45(分)である。したがって，発表時間の合計は，195－45＝150(分)だから，1クラスあたりの発表時間は，150÷10＝15(分)である。

(3)　発表時間の合計が18×10＝180(分)になるから，休けい時間の合計は195－180＝15(分)となる。したがって，1回の休けい時間は15÷9＝$\frac{5}{3}$＝1$\frac{2}{3}$(分)，つまり，1分(60×$\frac{2}{3}$)秒＝1分40秒である。

(4)　発表時間の合計は150分となる。劇の発表時間も合唱の発表時間と同じとすると，発表時間の合計は150－5×4＝130(分)となるから，合唱の発表時間は130÷10＝13(分)，劇の発表時間は，13＋5＝18(分)である。

(5)　合唱の発表をした6クラスがこえた時間の合計は3×6＝18(分)だから，劇の発表をした4クラスがこえた時間の合計は26－18＝8(分)である。したがって，劇の発表の時間は1クラスあたり8÷4＝2(分)こえていた。

(6)　劇の発表時間の合計は20×□(分)，合唱を発表するクラス数が10－□(クラス)だから，合唱の発表時間の合計は15×(10－□)(分)，休けい時間の合計は5×9(分)で，学習発表会全体の時間が3時間30分＝60×3＋30(分)だから，20×□＋15×(10－□)＋5×9＝60×3＋30となる。なお，問題文に「条件をそのまま式に表すと」とあるから，できるだけ計算していない式をかいた方がよいであろう。

(7)　(6)でつくった式を整理すると，20×□＋15×10－15×□＋45＝210　(20－15)×□＋195＝210　5×□＝210－195　□＝15÷5＝3　よって，劇を発表するクラスは3クラス，合唱を発表するクラスは10－3＝7(クラス)になる。

〔別の解き方〕

発表時間の合計は60×3＋30－5×9＝165(分)である。10クラスが合唱を発表したとすると，発表時間の合計は，15×10＝150(分)となり，実際より165－150＝15(分)少ない。1クラスが合唱から劇に変えると，発表時間の合計は20－15＝5(分)多くなるから，劇を発表するクラスは，15÷5＝3(クラス)，合唱を発表するクラスは10－3＝7(クラス)である。

《解答例》

1 (例文)

私は「言葉の意味は時代によって、変わっていってもよい」というＢさんの意見に賛成だ。なぜなら、資料を見ると「さわり」をまちがった意味で使っている人が、全体の半分以上いるからだ。本来の意味で使っている人は三割ほどである。言葉の意味がまちがっていても、多くの人が使えば、それが定着していくと思う。

確かに平成十五年よりも、本来の意味で使う人はわずかに増えている。しかし、これはクイズ番組やインターネットの記事などで取り上げられたからではないかと推測する。そういうことによる一時的な変化はあるかもしれないが、本来とはちがった意味で使われていくけい向は変わらないと思う。

古文では、今とはまったくちがう意味で使われている言葉がたくさん出てくる。人間が世代交代をくり返し、世界がどんどん変わっていく以上、言葉の意味も変わっていくのが自然だと思う。

2 (①の例文)

私は、しんぼう強く続ければ必ず成功するという意味の、「石の上にも三年」ということわざをみなさんにおくりたいと思います。私はこれまで四年間、サッカーを続けてきました。最初は、楽しく練習をしていましたが、次第に上手な同級生たちとの技術の差を感じるようになり、サッカーを続けるかどうかなやみました。そんなとき、心の支えになったのは、コーチから言われた「努力は裏切らない。必ず報われる時が来る。」という言葉でした。そこで、私は自分の弱点をこく服するために、自主練の量を増やしました。そして、六年生の時に出た大会で、それまで八連敗していた相手に勝つことができました。しかも、決勝点を決めたのは私でした。何かを続けようとすれば、必ずつらい時やかべにぶつかる時が来ると思います。しかし、そこであきらめずに努力を続ければ、いつかきっと報われます。みなさんも「石の上にも三年」だと信じ、目標に向かってがんばってください。

《解　説》

1 条件２に「あなたが選んだ意見に賛成である理由を，資料からわかることを使って書くこと」とあるので，ＡさんとＢさんのどちらの意見に賛成か決める前に，まず，資料をじっくりと見て，何がわかり，そこから自分は何を考えるかを整理することが大切だ。その上で，ＡさんとＢさんのどちらの意見に賛成するかを決めて，メモを取ってから書き始めよう。

2 ①～⑤のことわざの中で，意味や使い方を正しく知っているもの・自分の体験と関連づけられるもの・「下級生に小学校生活を有意義に過ごしてもらうため」にどんなメッセージを送りたいかを考えてそれに合うものを一つ選ぶ。また，これは下級生におくるメッセージなので，敬体(～です・～ます)で，下級生に語りかけるような語調で書く。

咲くやこの花中学校【ものづくり(理工)分野】【芸術(美術・デザイン)分野】【スポーツ分野】

2020 令和2年度 適性検査Ⅱ

《解答例》【ものづくり(理工)分野】

1 (1)①8　②7　③1　④2　(2)①0，8　②2，5　③0，2，5，8　④6，9　(3)10　(4)14
(5)[あ，い，う，え]［8，1，6，1］〔別解〕［6，1，8，1］ 回数…12　(6)①180　②608

2 (1)たくさん取り出せる物質…物質B　理由…100℃のときを見ると，物質AもBも100gの水に40gとける。これを約25℃まで冷やすと，Aは5g，Bは35g取り出すことができるから。　(2)17　(3)60　(4)20　(5)13
(6)8　(7)120　(8)90　(9)7

《解　説》【ものづくり(理工)分野】

1 (1) 最も多く光がついている「数字」は，すべての六角形に光がついている①8で②7個の六角形が光っている。最も少なく光がついている「数字」は，④2個の六角形が光っている③1である。

(2) 線対称な図形になるように移動させると右図ⅰ，点対称な図形になるように移動させると右図ⅱのようになる。
よって，①は0，8，②は2，5，③は0，2，5，8，④は6，9である。

図ⅰ

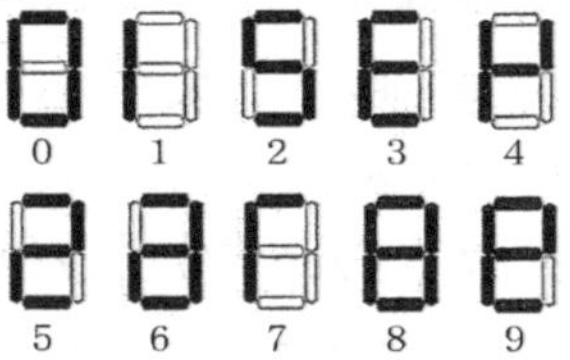

図ⅱ

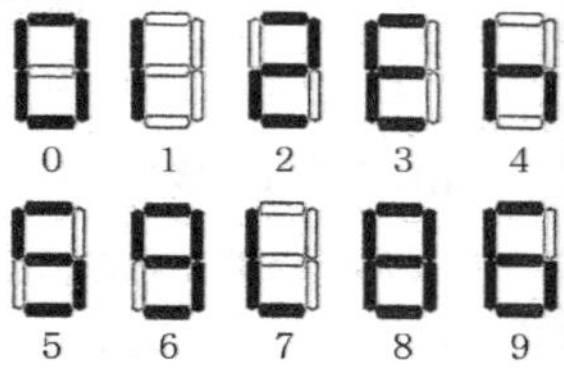

(3) 4～9の光がついた場所を調べ，【表】を完成させると，右のようになる。
どの六角形の部分にも光がついていない状態から，「2」→「3」→「4」と表示すると，光の変化があった六角形の個数は，「2」で5個，「3」で2個，「4」で3個ある。
よって，求める回数は，5＋2＋3＝10(回)

場所＼「数字」	0	1	2	3	4	5	6	7	8	9
ア	○		○	○		○	○	○	○	○
イ	○				○	○	○		○	○
ウ	○	○	○	○	○			○	○	○
エ			○	○	○	○	○		○	○
オ	○		○				○		○	
カ	○	○		○	○	○	○	○	○	○
キ	○		○	○		○	○		○	○

(4) (3)の表をふまえる。どの六角形の部分にも光がついていない状態から，「5」→「0」→「4」→「9」と表示すると，光の変化があった六角形の個数は，「5」で5個，「0」で3個，「4」で4個，「9」で2個ある。
よって，求める回数は，5＋3＋4＋2＝14(回)

(5) 光の変化が最も多くなるのは，どの六角形の部分にも光がついていない状態から，最も光が多くつく「8」を表示し，この後に最も光が少なくつく「1」を表示したときである。光の変化があるのは「8」で7個，「1」で5個なので，7＋5＝12(回)となる。したがって，光の変化が12回になるものを，もう1通り探す。
どの六角形の部分にも光がついていない状態から，「8」を表示し，その後に「1」以外のどの数字を表示しても，「1」を表示するときより，回数は少なくなる。「8」の次に光が多くつくのは「0」，「6」，「9」であり，これらの数をどの六角形の部分にも光がついていない状態から表示すると，光の変化があるのは6個である。この後に光の変化が12－6＝6(個)となる組み合わせを探す。ついている光のうち，6個すべてが消えることはなく，新たにつく光は最大で1個だから，5個消えて1個つく。このとき，6－5＋1＝2(個)の光がついているから，2番目に表示する数字は「1」と決まる。「0」，「6」，「9」のうち，この後に「1」を表示するときに，光が5

個消えて１個つく数字は，「６」だけである。

よって，数字の表示は「８」→「１」，「６」→「１」で，光の変化の回数は 12 回となる。

(6)　(3)の表より，５個以上の光がついている数字は，０，２，３，５，６，８，９の７個ある。

①　百の位，十の位，一の位の数の順にならべるとすると，百の位の数は０以外の６通り，十の位の数は残りの６通り，一の位の数は残りの５通りあるから，できる３けたの整数は全部で６×６×５＝180(種類)ある。

②　百の位の数が９である整数は６×５＝30(個)あり，同様に百の位の数が８，６である整数も 30 個ずつある。したがって，30×３＝90(番目)の整数は，百の位の数が６の数のうち最も小さい数の 602 である。

よって，90 番目の整数から 87 番目までさかのぼると，602，603，605，608 だから，87 番目の整数は 608 である。

2　(1)　Ａのように，水の温度が変化してもとける最大の重さがあまり変化しない物質をたくさん取り出すには，水よう液を加熱して水を蒸発させればよい。

(2)　ものがとける最大の重さは，水の量に比例する。水の温度が 100℃のとき，Ｂは 100ｇの水に 40ｇまでとけるから，100ｇの半分の 50ｇの水には 40ｇの半分の 20ｇまでとける。したがって，あと 20－３＝17(ｇ)までとかすことができる。

(3)　水 250ｇには，グラフにおけるとける最大の重さの$\frac{250}{100}$＝2.5(倍)までとける。したがって，グラフにおけるとける最大の重さが$\frac{37.5}{2.5}$＝15(ｇ)になる温度を答えればよいので，60℃が正答となる。

(4)　このような問題では，水が 100ｇのほう和水よう液と比べるとよい。水の温度が 100℃のとき，Ｂは 100ｇの水に 40ｇまでとけるから，100＋40＝140(ｇ)のほう和水よう液ができる。これを 60℃まで冷やすと，60℃では 15ｇまでしかとけないから，40－15＝25(ｇ)のＢを取り出すことができる。したがって，この作業を 100℃で 112ｇのほう和水よう液で行えば，25×$\frac{112}{140}$＝20(ｇ)のＢを取り出せる。

(5)　温度が同じであれば，何ｇのほう和水よう液で考えても水よう液のこさは同じである。したがって，60℃の水 100ｇでつくったＢのほう和水よう液で考えると，Ｂは最大で 15ｇまでとけるから，ほう和水よう液の重さは 115ｇになり，そのこさは 15÷115×100＝13.0…→13％になる。

(6)　こさが 10％と５％の水よう液を混ぜ合わせると，10％よりはうすく，５％よりはこい水よう液になる。このとき，変化するこさの比は，水よう液の重さの逆比と同じになる。10％と５％の水よう液の重さの比は 150：100＝３：２だから，変化するこさの比は２：３である。混ぜ合わせる前のこさの差は５％だから，10％より２％うすい(または５％より３％こい)８％が正答となる。

(7)　とけている物質の重さが変わらずに，こさが８％から５％へと$\frac{8}{5}$倍にうすまったから，水を加えたあとの水よう液の重さは 200×$\frac{8}{5}$＝320(ｇ)になっていて，加えた水は 320－200＝120(ｇ)である。

(8)　とけている物質は異なるが，混ぜ合わせた水よう液のこさと，混ぜ合わせたあとの水よう液のこさが(6)と同じだから，10％と５％の水よう液の重さの比は，(6)と同様に，３：２になる。ここでは５％の水よう液が 60ｇだから，10％の水よう液は 60×$\frac{3}{2}$＝90(ｇ)である。

(9)　水よう液の 10 分の１を捨てると，とけているものの重さは 10 分の９になり，そこに捨てた水よう液と同じ重さの水を加えると，水よう液のこさはもとの水よう液の 10 分の９倍，つまり，0.9 倍になる。したがって，この作業を１回行うごとに水よう液のこさが 0.9 倍になると考えればよいから，$10\times\overset{1回}{0.9}\times\overset{2回}{0.9}\times\overset{3回}{0.9}\times\overset{4回}{0.9}\times\overset{5回}{0.9}\times\overset{6回}{0.9}=$ 5.31441(％)，$5.31441\times\overset{7回}{0.9}=4.782969$(％)より，７回くり返したところではじめて５％以下になる。

《解答例》【芸術(美術・デザイン)分野】【スポーツ分野】

省略

《解答例》

[1] 問1．A．ウ　B．ア　C．イ　問2．苦手　問3．1．オ　2．イ　問4．エ　問5．自分の頭で考えるまでもなく、借り物の知識で問題を解決してしまうから。

問6．(例文)私は筆者の、コンピューターに勝つためには「考える」ことが必要だという意見に賛成だ。特に、私達人間は何をしたいのか、どうありたいのかを考えることが重要だと思う。確かに、コンピューターは人間に将棋で勝つことができる。しかし、勝てたのは人間が「将棋で勝つ」という命令をしたからで、コンピューターが自らの意思で将棋を始めたわけではない。何かをしたいと自発的に思うことは、人間にしかできないのだ。例えばｉＰＳ細ぼうを使った医りょう技術が生まれたのは、病気やケガで苦しんでいる人を救いたいという思いがあったからだと思う。コンピューターがそういうことを考えることはない。どういう技術があれば、私達はより幸せになれるのか。人間が考え続けることが大切だ。

[2] ⑴①540　②C，35　⑵E　理由…C店は、B店よりも 100 円安い。120％と２割高いことは、どちらも 1.2 倍ということだから、C店の 120％のE店のほうが、B店の２割高いD店よりもねだんは安い。〔別解〕A～E店の色えんぴつの売っているねだんを求めると、A店は 540 円、B店は 675 円、C店は 575 円、D店は 810 円、E店は 690 円になる。安い順に並べると、A店、C店、B店、E店、D店となる。色えんぴつと筆箱のねだんが安い店の順番は同じだから、筆箱のねだんもE店のほうがD店よりも安い。

⑶1．A，700　2．C，775　3．B，875　4．E，930　5．D，1050

⑷サクラさんの買った店…D　筆箱の値段…44　2つ合わせた代金…1038

《解　説》

[1] 問1A　Aは「敵」。アは「的」，イは「適」，ウは「敵」。よって，ウが適する。　B　Bは「程」。アは「程」，イは「低」，ウは「定」。よって，アが適する。　C　Cは「意」。アは「以」，イは「意」，ウは「位」。よって，イが適する。

問2　ここでの「得意」は，自信があり，上手なさまを意味する。同じ一文の文末に「苦手」とある。「得意な反面～たいへん苦手」と，対照的な説明をしていることに着目しよう。

問3 1　文末に「～からだ」と理由を説明する表現があるので，オの「なぜなら」が適する。　2　「忘《わす》れなければならない」けれども，それが「意外に難《むずか》しい」というつながりなので，イの「しかし」が適する。

問4 [4]は，直後にあるとおり「大事で，しかも難しい」ことである。（ 2 ）の前後に「ほどよく忘れなければならない～この『忘れる』ことが意外に難しい」とあることから，「忘れる」が入る。また，[4]の直後の一文が「この『忘れる』ことによって」と受けていることからも判断できる。[3]は，[4]と対照的なことなので「覚える」が入る。[3]の１～２行後の一文で「コンピューターは『覚える』のが得意な反面，『忘れる』のはたいへん苦手」と対照的に述べているのを参照。よって，エが適する。

問5　知識が多くなりすぎるとなぜ良くないのかを述べた部分をさがす。（ 1 ）の直後の段落の「知識がある程度まで増えると，自分の頭で考えるまでもなくなる。知識を利用して，問題を処理《しょり》できるようになる。借り物の知識でなんとか問題を解決してしまう」より，下線部の言葉を使ってまとめる。

問6　筆者が本文で述べているのは，人間が自分の頭で考えることの大切さ。ありきたりの知識をいったん捨《す》てて新しい考えをしぼり出す思考力を身につけることの必要性を述べている。この主張をふまえてまとめよう。

2 (1)① イより，B店では色えんぴつを $900\times\left(1-\frac{25}{100}\right)=675$(円)で売っている。

よって，アより，A店では色えんぴつを $675\times\frac{8}{10}=540$(円)で売っている。

② ウより，C店では色えんぴつを $675-100=575$(円)で売っているから，C店の方が $575-540=35$(円)高い。

(2) 解答例の〔別解〕のように色えんぴつの値段をすべて求めて安い順番を調べることもできるが，解く時間を短縮するためにも，120%と2割高いことは同じであることに気づきたい。

(3) (1)，(2)より，色えんぴつの値段は安い順に，A店，C店，B店，E店，D店だから，カより，筆箱も同じ順番になる。B店の筆箱の値段を $\textcircled{100}$ とすると，A店の筆箱は $\textcircled{100}\times\frac{8}{10}=\textcircled{80}$，D店の筆箱は $\textcircled{100}\times1.2=\textcircled{120}$ であり，キより，$\textcircled{120}-\textcircled{80}=\textcircled{40}$ が350円にあたるとわかる。よって，筆箱の値段は安い順に，A店が $350\times\frac{\textcircled{80}}{\textcircled{40}}=700$(円)，C店が $700\div\frac{8}{10}-100=875-100=775$(円)，B店が875円，E店が $775\times1.2=930$(円)，D店が $875\times1.2=1050$(円)である。

(4) ここまでの解説をふまえる。買ったのはD店であり，筆箱の値段は $700\times\left(1-\frac{16}{100}\right)=588$(円)になっていたから，12月に売っていた値段の $100-\frac{588}{1050}\times100=44$(%)引きになっていた。また，色えんぴつの値段は $900\div2=450$(円)だから，2つ合わせた代金は，$450+588=1038$(円)

《解答例》

1 （例文）

資料１から、敬語を使うことがかえってマイナスになると感じている人は、全体の二十五％ほどで、それほど多くないことがわかる。マイナスになると感じるのは、敬語を使っているために相手との距離を縮めることができないときだという回答が最も多い。

私は担任の先生に話すときに、つい、友達のように、敬語を使わず話してしまうことがある。しかし、ある時「もう高学年なのだから言葉の使い方に気をつけないと、失礼だと感じられてしまうよ。」と注意された。大人に近づくにしたがって、ふるまいも一人前であることが求められる。もうすぐ中学生なので、ますます自分の言葉づかいに気を付けたい。

相手に親しみを感じていても、先生と話をする時のように、立場のちがいがはっきりしている時は敬語を使うべきだと思う。しかし、年の差があっても、友達同士など、立場が同じなら敬語を使わなくても良いと思う。

2 （例文）

私はAの詩を選ぶ。なぜなら、Aの詩は未来だけでなく、過去のこともうたっているからだ。

以前、運動会の練習をまじめにやらない人がいて、クラスでもめてしまったことがある。言い合いになり、一部の人は全く練習に来なくなってしまった。その時は、「ある日はこころを重くして　歩みも重く」という気持ちになった。しかし、その後もう一度話し合い、本音をぶつけあって仲直りすることができた。運動会ではみんな全力を出し切り、その時は、「ある日はこころをはずませて　軽やかに」という気持ちになれた。

小学校には、このように良い思い出も悪い思い出もある。その過去がいくつもつながっていることをAの詩は「橋」という言葉で表現していると思う。友達との別れもあり、卒業はさびしいが、思い出を結ぶ橋は未来にもつながっている。新たに中学校生活が始まることが、とても楽しみだ。

《解　説》

1 「２つの資料の内容にふれる」ので，【資料１】では，マイナスと感じない 73.9％のほうではなく，「マイナスになると感じる」25.4％のほうに着目しよう。【資料２】のこうもくからは，割合の多いものや，自分の経験から実感できることに着目するとよい。マイナス面があることもふまえたうえで，自分が「どのように敬語《けいご》を使っていきたい」かをまとめよう。

2 〈A〉の詩は，「僕《ぼく》らはいくつもの橋を渡《わた》ってきた～ある日はこころはずませて～ある日はこころを重くして」とこれまでのことをふり返る内容がふくまれ，そこから「橋は～昨日と明日を結んでいる」と未来につなげている。〈B〉の詩は，「真新しい着地《きじ》の匂《にお》い　真新しいかわの匂い」と中学校の新しい制服やかばんなどを思わせる表現があり，「匂いのなかに　希望も　ゆめも　幸福も～うかんでいるようです」と，未来に向かう心境に重点が置かれている。この内容を読み比べて，「卒業をひかえたあなたの今の思いや気持ち」に合うほうを選ぼう。

咲くやこの花中学校【ものづくり(理工)分野】【芸術(美術・デザイン)分野】【スポーツ分野】

2019 平成31年度 **適性検査Ⅱ**

《解答例》【ものづくり(理工)分野】

1 (1)ウ　(2)①600　②36　(3)1，48　(4)18，54　(5)6.4　(6)9，36

2 (1)10　(2)右グラフ　(3)ばねAの長さ…19　ばねBの長さ…21

(4)おもりDの重さ…50　おもりEの重さ…25

(5)つるすところ…2　ばねBの長さ…37

(6)おもりHの重さ…70　ばねAの長さ…14.5

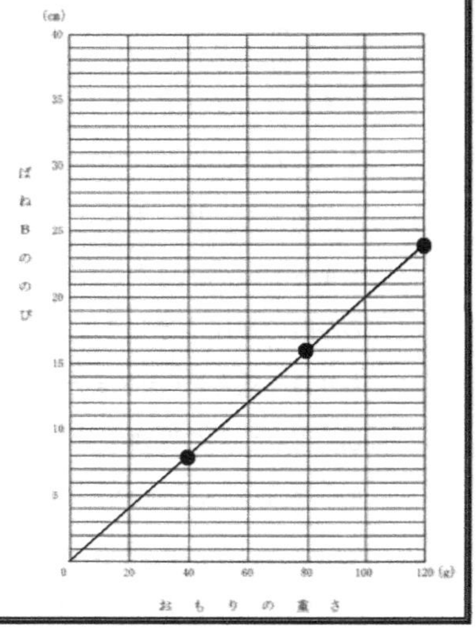

《解　説》【ものづくり(理工)分野】

1 右図は水そうを正面から見た図であり，水そう内の各空間に図のように a～eの記号をおく。

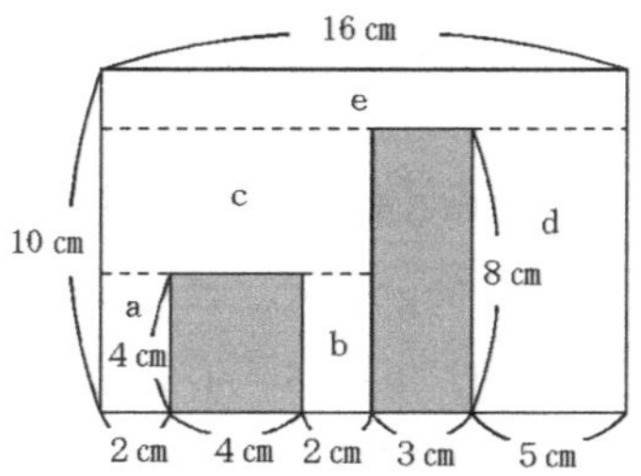

(1)　水が入っていく順番は，a→b→c→d→eであり，bとdに水が入っている間目盛りⅠは変化しないから，水平な部分が2つあるウのグラフが正しい。

(2)①　水そうの容積は，右図の色がついていない部分を底面とする，高さが5cmの角柱の体積と等しい。右図の色がついていない部分の面積は，10×16－4×4－8×3＝120(cm²)だから，水そうの容積は，120×5＝600(cm³)，つまり600mLである。

②　水は1時間＝60分で1L＝1000mL入るから，1分あたり$\frac{1000}{60}=\frac{50}{3}$(mL)入る。

よって，600÷$\frac{50}{3}$＝36(分後)に満水になる。

(3)　aの部分の高さ3cmまでの容積は，5×2×3＝30(cm³)で，1分あたり$\frac{50}{3}$cm³の水が入るから，求める時間は，30÷$\frac{50}{3}$＝1.8(分後)，つまり，1分(0.8×60)秒後＝1分48秒後

(4)　(2)①の解説と同様の考え方で，a，b，cの容積の合計を求めると，(8×8－4×4)×5＝240(cm³)とわかる。dの部分の高さ3cmまでの容積は5×5×3＝75(cm³)だから，水が240+75＝315(cm³)入ったときの時間を求めればよい。1分あたり$\frac{50}{3}$cm³の水が入るから，求める時間は，315÷$\frac{50}{3}$＝18.9(分後)，つまり，18分(0.9×60)秒後＝18分54秒後

(5)　24分で$\frac{50}{3}$×24＝400(cm³)の水が入るから，(4)の解説より，dの部分に400－240＝160(cm³)の水が入る。このときのdの高さは，160÷(5×5)＝6.4(cm)であり，8cmよりも低いから，問題に合っている。

(6)　目盛りⅠ，目盛りⅡがともに同じ水の高さを示すのは，eに水が入っている間である。eの容積は2×16×5＝160(cm³)であり，この部分が水でいっぱいになるのにかかる時間は160÷$\frac{50}{3}$＝9.6(分)，つまり

9分(0.6×60)秒＝9分36秒だから，求める時間は9分36秒間である。

2 ⑴　図2より，おもりの重さが40ｇ重くなると，ばねAの長さが6㎝長くなっていることがわかる。したがって，おもりをつりしていないときのばねAの長さは，おもりの重さが40ｇのときの16㎝より6㎝短い10㎝である。

⑶　図4のようにばねとおもりをつるすと，ばねAにはおもりC2個分の重さ(60ｇ)がかかり，ばねBにはおもりC1個分の重さ(30ｇ)がかかる。⑴解説より，ばねAは元の長さが10㎝であり，40ｇで6㎝のびるから，60ｇでは$6\times\frac{60}{40}=9$(㎝)のびて，10＋9＝19(㎝)になる。⑵の表より，ばねBは元の長さが15㎝であり，40ｇで8㎝のびるから，30ｇでは$8\times\frac{30}{40}=6$(㎝)のびて，15＋6＝21(㎝)になる。

⑷　ばねAののびは21.25−10＝11.25(㎝)だから，おもりDとEの重さの合計は$40\times\frac{11.25}{6}=\frac{450}{6}$(ｇ)である。また，図7を，棒の番号5を支点とするてこと考えたとき，支点の左右でおもりが棒をかたむけるはたらき〔おもりの重さ×支点からの距離《きょり》〕は等しくなっている。この関係が成り立つとき，左右のおもりの重さの比と，支点からの距離の逆比は等しくなっているから，おもりDとおもりEの重さの比は4：2＝2：1である。したがって，おもりDの重さは$\frac{450}{6}\times\frac{2}{2+1}=50$(ｇ)であり，おもりEの重さはその半分の25ｇである。

⑸　支点からの距離を目もりの数で考えて，棒をかたむけるはたらきを求める。おもりFが棒を右にかたむけるはたらきは45×2＝90，おもりGが棒を右にかたむけるはたらきは15×4＝60だから，50ｇのおもりが棒を左にかたむけるはたらきが90＋60＝150になるように，支点から左に150÷50＝3(目もり)の点，つまり，2番につるせばよい。また，おもりの重さは合計50＋45＋15＝110(ｇ)だから，40ｇで8㎝のびるばねBは$8\times\frac{110}{40}=22$(㎝)のびて，15＋22＝37(㎝)になる。

⑹　ばねBののびが31−15＝16(㎝)だから，ばねBにかかっている重さは$40\times\frac{16}{8}=80$(ｇ)である。これは，ばねBにつるした棒の0番と8番に合計で80ｇの重さがかかっているということであり，ばねBをつるした5番からの距離の比が0番：8番＝5：3だから，重さの比はその逆で0番：8番＝3：5になる。したがって，0番にかかっている重さは$80\times\frac{3}{3+5}=30$(ｇ)，8番にかかっている重さは80−30＝50(ｇ)である。0番にかかっている重さが30ｇだから，ばねAも30ｇの力で引っぱられていることになり，$6\times\frac{30}{40}=4.5$(㎝)のびているから，ばねAの長さは10＋4.5＝14.5(㎝)になっている。また，ばねBにつるした棒の8番に50ｇの重さがかかっていることから，おもりHとIが棒を引く力の比は，支点からの距離の逆比を利用して，H：I＝2：3であり，Hは$50\times\frac{2}{2+3}=20$(ｇ)の力で棒を引っぱっていることがわかる。このとき，電子てんびんは50ｇを示しているから，おもりHの重さは，棒を引っぱる力20ｇと電子てんびんが示す重さ50ｇの合計の70ｇである。

《解答例》【芸術(美術・デザイン)分野】【スポーツ分野】

省略

■ ご使用にあたってのお願い・ご注意

（1）問題文等の非掲載

著作権上の都合により，問題文や図表などの一部を掲載できない場合があります。

誠に申し訳ございませんが，ご了承くださいますようお願いいたします。

（2）過去問における時事性

過去問題集は，学習指導要領の改訂や社会状況の変化，新たな発見などにより，現在とは異なる表記や解説になっている場合があります。過去問の特性上，出題当時のままで出版していますので，あらかじめご了承ください。

（3）配点

学校等から配点が公表されている場合は，記載しています。公表されていない場合は，記載していません。

独自の予想配点は，出題者の意図と異なる場合があり，お客様が学習するうえで誤った判断をしてしまう恐れがあるため記載していません。

（4）無断複製等の禁止

購入された個人のお客様が，ご家庭でご自身またはご家族の学習のためにコピーをすることは可能ですが，それ以外の目的でコピー，スキャン，転載（ブログ，ＳＮＳなどでの公開を含みます）などをすることは法律により禁止されています。学校や学習塾などで，児童生徒のためにコピーをして使用することも法律により禁止されています。

ご不明な点や，違法な疑いのある行為を確認された場合は，弊社までご連絡ください。

（5）けがに注意

この問題集は針を外して使用します。針を外すときは，けがをしないように注意してください。また，表紙カバーや問題用紙の端で手指を傷つけないように十分注意してください。

（6）正誤

制作には万全を期しておりますが，万が一誤りなどがございましたら，弊社までご連絡ください。

なお，誤りが判明した場合は，弊社ウェブサイトの「ご購入者様のページ」に掲載しておりますので，そちらもご確認ください。

■ お問い合わせ

解答例，解説，印刷，製本など，問題集発行におけるすべての責任は弊社にあります。

ご不明な点がございましたら，弊社ウェブサイトの「お問い合わせ」フォームよりご連絡ください。迅速に対応いたしますが，営業日の都合で回答に数日を要する場合があります。

ご入力いただいたメールアドレス宛に自動返信メールをお送りしています。自動返信メールが届かない場合は，「よくある質問」の「メールの問い合わせに対し返信がありません。」の項目をご確認ください。

また弊社営業日（平日）は，午前９時から午後５時まで，電話でのお問い合わせも受け付けています。

2025 春

株式会社教英出版

〒422-8054　静岡県静岡市駿河区南安倍３丁目 12-28

TEL　054-288-2131　　FAX　054-288-2133

URL　https://kyoei-syuppan.net/

MAIL siteform@kyoei-syuppan.net

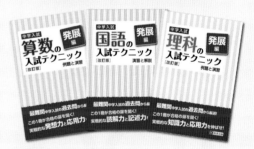

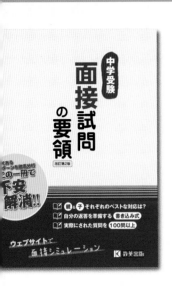

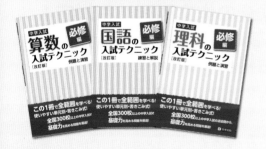

神奈川県

①[県立]相模原中等教育学校
　　　　平塚中等教育学校
②[市立]南高等学校附属中学校
③[市立]横浜サイエンスフロンティア高等学校附属中学校
④[市立]川崎高等学校附属中学校
✿⑤聖光学院中学校
✿⑥浅野中学校
⑦洗足学園中学校
⑧法政大学第二中学校
⑨逗子開成中学校(1次)
⑩逗子開成中学校(2·3次)
⑪神奈川大学附属中学校(第1回)
⑫神奈川大学附属中学校(第2·3回)
⑬栄光学園中学校
⑭フェリス女学院中学校

新潟県

①[県立]村上中等教育学校
　　　　柏崎翔洋中等教育学校
　　　　燕中等教育学校
　　　　津南中等教育学校
　　　　直江津中等教育学校
　　　　佐渡中等教育学校
②[市立]高志中等教育学校
③新潟第一中学校
④新潟明訓中学校

石川県

①[県立]金沢錦丘中学校
②星稜中学校

福井県

①[県立]高志中学校

山梨県

①山梨英和中学校
②山梨学院中学校
③駿台甲府中学校

長野県

①[県立]屋代高等学校附属中学校
　　　　諏訪清陵高等学校附属中学校
②[市立]長野中学校

岐阜県

①岐阜東中学校
②鶯谷中学校
③岐阜聖徳学園大学附属中学校

静岡県

①[国立]静岡大学教育学部附属中学校
　　　　(静岡·島田·浜松)
②[県立]清水南高等学校中等部
　[県立]浜松西高等学校中等部
　[市立]沼津高等学校中等部
③不二聖心女子学院中学校
④日本大学三島中学校
⑤加藤学園暁秀中学校
⑥星陵中学校
⑦東海大学付属静岡翔洋高等学校中等部
⑧静岡サレジオ中学校
⑨静岡英和女学院中学校
⑩静岡雙葉中学校
⑪静岡聖光学院中学校
⑫静岡学園中学校
⑬静岡大成中学校
⑭城南静岡中学校
⑮静岡北中学校
⑯常葉大学附属常葉中学校
　常葉大学附属橘中学校
　常葉大学附属菊川中学校
⑰藤枝明誠中学校
⑱浜松開誠館中学校
⑲静岡県西遠女子学園中学校
⑳浜松日体中学校
㉑浜松学芸中学校

愛知県

①[国立]愛知教育大学附属名古屋中学校
②愛知淑徳中学校
③名古屋経済大学市邨中学校
　名古屋経済大学高蔵中学校
④金城学院中学校
⑤椙山女学園中学校
⑥東海中学校
⑦南山中学校男子部
⑧南山中学校女子部
⑨聖霊中学校
⑩滝中学校
⑪名古屋中学校
⑫大成中学校
⑬愛知中学校
⑭星城中学校
⑮名古屋葵大学中学校
　(名古屋女子大学中学校)
⑯愛知工業大学名電中学校
⑰海陽中等教育学校(特別給費生)
⑱海陽中等教育学校(I·II)
⑲中部大学春日丘中学校
新刊⑳名古屋国際中学校

三重県

①[国立]三重大学教育学部附属中学校
②暁中学校
③海星中学校
④四日市メリノール学院中学校
⑤高田中学校
⑥セントヨゼフ女子学園中学校
⑦三重中学校
⑧皇學館中学校
⑨鈴鹿中等教育学校
⑩津田学園中学校

滋賀県

①[国立]滋賀大学教育学部附属中学校
②[県立]河瀬中学校
　　　　守山中学校
　　　　水口東中学校

京都府

①[国立]京都教育大学附属桃山中学校
②[府立]洛北高等学校附属中学校
③[府立]園部高等学校附属中学校
④[府立]福知山高等学校附属中学校
⑤[府立]南陽高等学校附属中学校
⑥[市立]西京高等学校附属中学校
⑦同志社中学校
⑧洛星中学校
⑨洛南高等学校附属中学校
⑩立命館中学校
⑪同志社国際中学校
⑫同志社女子中学校(前期日程)
⑬同志社女子中学校(後期日程)

大阪府

①[国立]大阪教育大学附属天王寺中学校
②[国立]大阪教育大学附属平野中学校
③[国立]大阪教育大学附属池田中学校

④[府立]富田林中学校
⑤[府立]咲くやこの花中学校
⑥[府立]水都国際中学校
⑦清風中学校
⑧高槻中学校（A日程）
⑨高槻中学校（B日程）
⑩明星中学校
⑪大阪女学院中学校
⑫大谷中学校
⑬四天王寺中学校
⑭帝塚山学院中学校
⑮大阪国際中学校
⑯大阪桐蔭中学校
⑰開明中学校
⑱関西大学第一中学校
⑲近畿大学附属中学校
⑳金蘭千里中学校
㉑金光八尾中学校
㉒清風南海中学校
㉓帝塚山学院泉ヶ丘中学校
㉔同志社香里中学校
㉕初芝立命館中学校
㉖関西大学中等部
㉗大阪星光学院中学校

兵庫県

①[国立]神戸大学附属中等教育学校
②[県立]兵庫県立大学附属中学校
③雲雀丘学園中学校
④関西学院中学部
⑤神戸女学院中学部
⑥甲陽学院中学校
⑦甲南中学校
⑧甲南女子中学校
⑨灘中学校
⑩親和中学校
⑪神戸海星女子学院中学校
⑫滝川中学校
⑬啓明学院中学校
⑭三田学園中学校
⑮淳心学院中学校
⑯仁川学院中学校
⑰六甲学院中学校
⑱須磨学園中学校(第1回入試)
⑲須磨学園中学校(第2回入試)
⑳須磨学園中学校(第3回入試)
㉑白陵中学校
㉒夙川中学校

奈良県

①[国立]奈良女子大学附属中等教育学校
②[国立]奈良教育大学附属中学校
③[県立]
国際中学校
青翔中学校
④[市立]一条高等学校附属中学校
⑤帝塚山中学校
⑥東大寺学園中学校
⑦奈良学園中学校
⑧西大和学園中学校

和歌山県

①[県立]
古佐田丘中学校
向陽中学校
桐蔭中学校
日高高等学校附属中学校
田辺中学校
②智辯学園和歌山中学校
③近畿大学附属和歌山中学校
④開智中学校

岡山県

①[県立]岡山操山中学校
②[県立]倉敷天城中学校
③[県立]岡山大安寺中等教育学校
④[県立]津山中学校
⑤岡山中学校
⑥清心中学校
⑦岡山白陵中学校
⑧金光学園中学校
⑨就実中学校
⑩岡山理科大学附属中学校
⑪山陽学園中学校

広島県

①[国立]広島大学附属中学校
②[国立]広島大学附属福山中学校
③[県立]広島中学校
④[県立]三次中学校
⑤[県立]広島叡智学園中学校
⑥[市立]広島中等教育学校
⑦[市立]福山中学校
⑧広島学院中学校
⑨広島女学院中学校
⑩修道中学校
⑪崇徳中学校
⑫比治山女子中学校
⑬福山暁の星女子中学校
⑭安田女子中学校
⑮広島なぎさ中学校
⑯広島城北中学校
⑰近畿大学附属広島中学校福山校
⑱盈進中学校
⑲如水館中学校
⑳ノートルダム清心中学校
㉑銀河学院中学校
㉒近畿大学附属広島中学校東広島校
㉓AICJ中学校
㉔広島国際学院中学校
㉕広島修道大学ひろしま協創中学校

山口県

①[県立]
下関中等教育学校
高森みどり中学校
②野田学園中学校

徳島県

①[県立]
富岡東中学校
川島中学校
城ノ内中等教育学校
②徳島文理中学校

香川県

①大手前丸亀中学校
②香川誠陵中学校

愛媛県

①[県立]
今治東中等教育学校
松山西中等教育学校
②愛光中学校
③済美平成中等教育学校
④新田青雲中等教育学校

高知県

①[県立]
安芸中学校
高知国際中学校
中村中学校

福岡県

①［国立］福岡教育大学附属中学校（福岡・小倉・久留米）
②［県立］育徳館中学校
門司学園中学校
宗像中学校
嘉穂高等学校附属中学校
輝翔館中等教育学校
③西南学院中学校
④上智福岡中学校
⑤福岡女学院中学校
⑥福岡雙葉中学校
⑦照曜館中学校
⑧筑紫女学園中学校
⑨敬愛中学校
⑩久留米大学附設中学校
⑪飯塚日新館中学校
⑫明治学園中学校
⑬小倉日新館中学校
⑭久留米信愛中学校
⑮中村学園女子中学校
⑯福岡大学附属大濠中学校
⑰筑陽学園中学校
⑱九州国際大学付属中学校
⑲博多女子中学校
⑳東福岡自彊館中学校
㉑八女学院中学校

佐賀県

①［県立］香楠中学校
致遠館中学校
唐津東中学校
武雄青陵中学校
②弘学館中学校
③東明館中学校
④佐賀清和中学校
⑤成穎中学校
⑥早稲田佐賀中学校

長崎県

①［県立］長崎東中学校
佐世保北中学校
諫早高等学校附属中学校
②青雲中学校
③長崎南山中学校
④長崎日本大学中学校
⑤海星中学校

熊本県

①［県立］玉名高等学校附属中学校
宇土中学校
八代中学校
②真和中学校
③九州学院中学校
④ルーテル学院中学校
⑤熊本信愛女学院中学校
⑥熊本マリスト学園中学校
⑦熊本学園大学付属中学校

大分県

①［県立］大分豊府中学校
②岩田中学校

宮崎県

①［県立］五ヶ瀬中等教育学校
②［県立］宮崎西高等学校附属中学校
都城泉ヶ丘高等学校附属中学校
③宮崎日本大学中学校
④日向学院中学校
⑤宮崎第一中学校

鹿児島県

①［県立］楠隼中学校
②［市立］鹿児島玉龍中学校
③鹿児島修学館中学校
④ラ・サール中学校
⑤志學館中等部

沖縄県

①［県立］与勝緑が丘中学校
開邦中学校
球陽中学校
名護高等学校附属桜中学校

もっと過去問シリーズ

北海道

北嶺中学校
7年分（算数・理科・社会）

静岡県

静岡大学教育学部附属中学校
（静岡・島田・浜松）
10年分（算数）

愛知県

愛知淑徳中学校
7年分（算数・理科・社会）
東海中学校
7年分（算数・理科・社会）
南山中学校男子部
7年分（算数・理科・社会）
南山中学校女子部
7年分（算数・理科・社会）
滝中学校
7年分（算数・理科・社会）
名古屋中学校
7年分（算数・理科・社会）

岡山県

岡山白陵中学校
7年分（算数・理科）

広島県

広島大学附属中学校
7年分（算数・理科・社会）
広島大学附属福山中学校
7年分（算数・理科・社会）
広島学院中学校
7年分（算数・理科・社会）
広島女学院中学校
7年分（算数・理科・社会）
修道中学校
7年分（算数・理科・社会）
ノートルダム清心中学校
7年分（算数・理科・社会）

愛媛県

愛光中学校
7年分（算数・理科・社会）

福岡県

福岡教育大学附属中学校
（福岡・小倉・久留米）
7年分（算数・理科・社会）
西南学院中学校
7年分（算数・理科・社会）
久留米大学附設中学校
7年分（算数・理科・社会）
福岡大学附属大濠中学校
7年分（算数・理科・社会）

佐賀県

早稲田佐賀中学校
7年分（算数・理科・社会）

長崎県

青雲中学校
7年分（算数・理科・社会）

鹿児島県

ラ・サール中学校
7年分（算数・理科・社会）

※もっと過去問シリーズは
国語の収録はありません。

教英出版
〒422-8054
静岡県静岡市駿河区南安倍3丁目12－28
TEL 054-288-2131
FAX 054-288-2133
詳しくは教英出版で検索
教英出版　検索
URL https://kyoei-syuppan.net/

1

令 和 6 年 度

大阪府立中学校入学者選抜適性検査問題

（大阪府立咲くやこの花中学校に係る入学者選抜）

適 性 検 査 Ⅰ

（国語・算数的問題）

（45分）

注　　意

1　「開始」の合図があるまで開いてはいけません。

2　答えは、すべて**解答用紙**に書きなさい。
ただし、問題**1**は**解答用紙①**に、問題**2**は**解答用紙②**に書きなさい。

・答えとして記号を選ぶ問題は、右の【解答例】にならい、すべて**解答用紙の記号**を○で囲みなさい。また、答えを訂正《ていせい》するときは、もとの○をきれいに消しなさい。

・答えの字数が指定されている問題は、、。「　」なども一字に数えます。

【解答例】
ア
イ
(ウ)
エ

解答用紙の「**採点**」の欄《らん》と「**採点者記入欄**」には、何も書いてはいけません。

3　問題は、中の用紙のA面に**1**、B・C面に**2**があります。

4　「開始」の合図で、まず、**解答用紙①**と**解答用紙②**に**受験番号**を書きなさい。

5　「終了《しゅうりょう》」の合図で、すぐ鉛筆《えんぴつ》を置きなさい。

受験番号	番

得点	

〈解答用紙②の合計〉

令和６年度大阪府立中学校入学者選抜適性検査問題

（大阪府立咲くやこの花中学校に係る入学者選抜）

適性検査Ⅰ（国語・算数的問題）解答用紙②

				採点	採点者記入
2	(1)	①	g	3	
		②	記号　ア　イ　ウ　エ 式	4	
	(2)	①	(i)　cm^3	3	
			(ii)　cm^2	3	
		②	倍	4	
	(3)	①	通り	4	
		②	ⓒ ⓓ	4	
				/25	

令和六年度大阪府立中学校入学者選抜適性検査問題
（大阪府立咲くやこの花中学校に係る入学者選抜）

適性検査Ⅰ（国語・算数的問題）解答用紙①

受験番号	番

得点	

〈解答用紙①の合計〉

※50点満点

1

(1) a	(1) b	(1) c	(2)	(3)	(4)	(5)	
□《ム》れ	□《ケン》□《キュウ》	□《キン》□《ゾク》	ア イ ウ エ	（5）	ア イ ウ エ	〔あ〕〔い〕〔う〕〔え〕	少しだけ気をつけていると、
採点 2	2	2	2	3	3	3	4
採点者記入欄							

C　面

(3)　ゆうきさんは、前回のクラブ活動のときに残った小麦粉420ｇとバター210ｇを使って、クッキーＡとクッキーＢの２種類のクッキーを作ることにしました。**表**は、クッキーＡとクッキーＢそれぞれについて、１枚あたりに使う小麦粉の重さとバターの重さを表したものです。

①、②の問いに答えなさい。ただし、小麦粉とバター以外の材料については考えないものとします。

表

	小麦粉（g）	バター（g）
クッキーＡ	7	3
クッキーＢ	6	4

①　ゆうきさんは、小麦粉420ｇをすべて使いきるときのクッキーの枚数について考えてみました。このとき、使う小麦粉の重さだけに着目し、使うバターの重さは考えないものとしました。次の文は、クッキーＡとクッキーＢの両方を作って小麦粉420ｇをすべて使いきるときの、クッキーＡの枚数とクッキーＢの枚数の組み合わせについて述べたものです。文中の（　ⓐ　）、（　ⓑ　）にはそれぞれ１以上の整数が入ります。あとの問いに答えなさい。

> 使う小麦粉の重さだけに着目し、使うバターの重さは考えないものとすると、使う小麦粉の重さが420ｇになるのは、クッキーＡの枚数が（　ⓐ　）枚、クッキーＢの枚数が（　ⓑ　）枚という組み合わせのときである。

問い　（　ⓐ　）、（　ⓑ　）に当てはまる整数の組み合わせは何通りありますか。求めなさい。

(2)　たいがさんは、アルミホイルで円柱の形をした容器を作り、作った円柱の形をした容器を使ってケーキを作ることにしました。

①、②の問いに答えなさい。ただし、円周率は 3.14 とします。

①　**図 2** はたいがさんが作った容器を表したもので、この容器は底面の円の直径が 8 cm、高さが 5 cm の円柱の形をしています。**図 3** は、**図 2** の容器の側面の作り方を表したもので、縦が 5 cm、横が 30 cm の長方形のアルミホイルを曲げ、アルミホイルの端《はし》と端を何 cm か重ねて貼《は》りつけます。**図 3** 中の は、**図 2** の容器の側面を作るときの、アルミホイルを重ねる部分を表しています。

(i)、(ii)の問いに答えなさい。ただし、アルミホイルの厚みは考えないものとします。

図 2

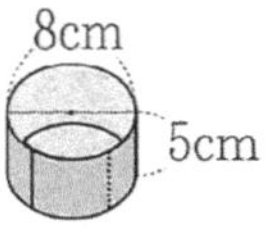

図 3

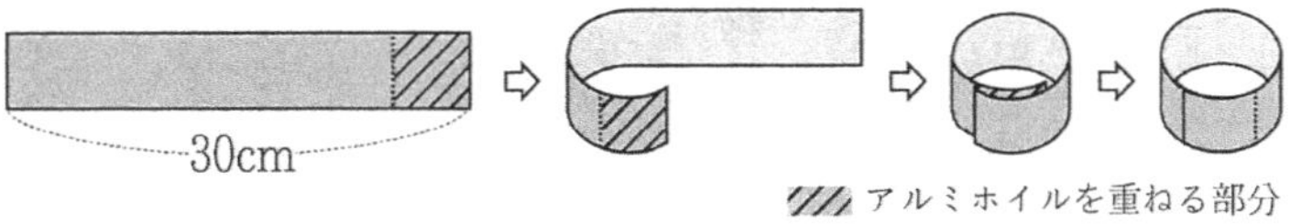

(i)　**図 2** の容器の容積は何 cm^3 ですか。求めなさい。

(ii)　**図 2** の容器の側面を作るときの、アルミホイルを重ねる部分（**図 3** 中の ）の面積は何 cm^2 ですか。求めなさい。

②　**図 4** は、たいがさんが作ったケーキを上から見たときのようすを、模式的に表したものです。点 A、B、C、D は同じ円の円周上にあり、四角形 ABCD は正方形です。点 A、B、C、D を通る円と四角形 ABCD とによってはさまれた部分（**図 4** 中の ）の面積は、四角形 ABCD の面積の何倍ですか。求めなさい。

図 4

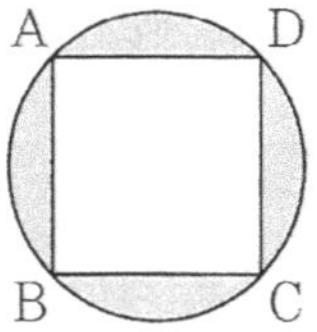

A　面

（藤井《ふじい》幹《たかし》・井上《いのうえ》雅英《まさひで》『野鳥が集まる庭をつくろう』による）

＊多摩川　＝　山梨県・東京都・神奈川県を流れる川。
＊猛禽類　＝　鋭《するど》いツメとクチバシを持つ鳥の総称《そうしょう》。タカ・ハヤブサ・フクロウなど。
＊種　＝　生物を、同じ特徴や性質によってわける単位の一つ。
＊紋付　＝　ここでは、ジョウビタキのこげ茶色の翼《つばさ》にある大きな白い斑点《はんてん》のこと。

(1)　本文中の～～～線部**a**～**c**のカタカナを文脈に合わせて漢字に直し、解答欄《かいとうらん》の枠内《わくない》に**大きくていねいに**書きなさい。

(2)　次の**ア**～**エ**のうち、本文中の――線部①と熟語の構成（成り立ち）が同じ言葉を一つ選び、記号を○で囲みなさい。

ア　増減　　**イ**　不満　　**ウ**　温暖　　**エ**　逆転

(3)　本文中の――線部②がさしている内容を次のようにまとめました。□に入れるのに最も適している言葉を、本文中から**二十字**でぬき出し、**はじめの五字**を書きなさい。

自分の住んでいる集合住宅の芝生に来る鳥が□とき。

最も適しているものを一つ選び、記号を○で囲みなさい。

ア　ものごとの最後のしめくくり。
イ　特に変わったものごとがないこと。
ウ　ものごとに対するあきらめの気持ち。
エ　ものごとを始める機会や手がかり。

(5)　次の一文は本文中の〔**あ**〕～〔**え**〕のいずれかに入ります。入れる場所として最も適しているものを一つ選び、記号を○で囲みなさい。

> キジバト、オナガ、ヒヨドリ、メジロ、シジュウカラなど、また、冬になるとジョウビタキやツグミなどがやって来ることもわかってきて20種類くらいは見つけられました。

(6)　野鳥の魅力について、筆者が述べている内容を次のようにまとめました。［A］、［B］に入る内容を、本文中の言葉を使って書きなさい。ただし、［A］は**二十五字以上、三十五字以内**、［B］は**二十字以上、三十字以内**で書くこと。

野鳥の魅力について、筆者は二つのことを述べている。一つめは、野鳥に関心を持ち、身近なところで少しだけ気をつけていると、［A］を感じられることである。二つめは、身近にいる鳥を探して見ているうちに、［B］がわかってきて、楽しくて何時間見ていても飽きないことである。

A 面

適性検査Ⅰ（国語・算数的問題）（大阪府立咲くやこの花中学校に係る入学者選抜）

1 次の文章を読んで、あとの問いに答えなさい。

お詫び

著作権上の都合により、文章は掲載しておりません。
ご不便をおかけし、誠に申し訳ございません。

教英出版

お詫び

著作権上の都合により、文章は掲載しておりません。
ご不便をおかけし、誠に申し訳ございません。

教英出版

B　面

2　こはるさんとたいがさんとゆうきさんは料理クラブのクラブ員です。
(1)〜(3)の問いに答えなさい。

(1)　こはるさんは、いちごと砂糖を使って、いちごジャムを作ることにしました。使う砂糖の重さは、用意したいちごの重さの 80 %です。
①、②の問いに答えなさい。

①　用意したいちごの重さが 250 g であるとき、使う砂糖の重さは何 g ですか。求めなさい。

②　**図 1** 中の**ア**〜**エ**のグラフの中に、用意したいちごの重さを x g、使う砂糖の重さを y g としたときの、x と y の関係を表しているグラフがあります。正しいものを一つ選び、記号を○で囲みなさい。
また、その x と y の関係を式に表しなさい。

図 1

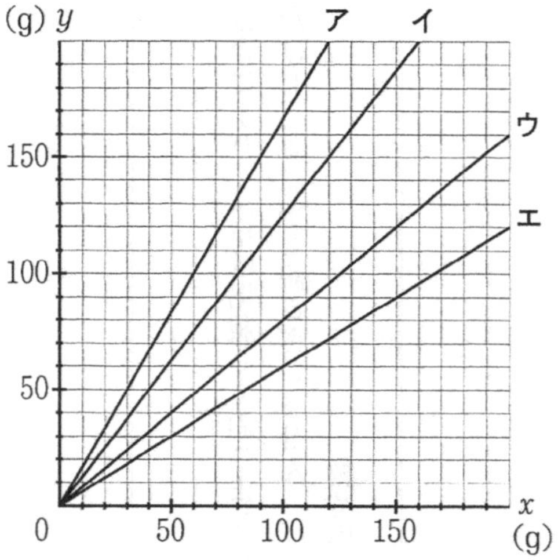

② ゆうきさんは、小麦粉420gとバター210gをできるだけたくさん使って、料理クラブのクラブ員20人にクッキーAとクッキーBのそれぞれを均等に配ることができるように、クッキーAとクッキーBを作ることにしました。次の文は、ゆうきさんがまとめたものです。文中の（　ⓒ　）、（　ⓓ　）にはそれぞれ1以上の20の倍数が入ります。（　ⓒ　）、（　ⓓ　）に当てはまる整数をそれぞれ求めなさい。

使う小麦粉の重さが420g以下、使うバターの重さが210g以下という二つの条件を満たすクッキーの枚数の組み合わせのうち、使う小麦粉の重さと使うバターの重さとの合計が最も大きいのは、クッキーAの枚数が（　ⓒ　）枚、クッキーBの枚数が（　ⓓ　）枚という組み合わせである。

解答用紙①

(6)

を感じられることである。

B

身近にいる鳥を探して見ているうちに、

がわかってきて、

4

/25

解答用紙②

2

令 和 6 年 度

大阪府立中学校入学者選抜作文

（大阪府立咲くやこの花中学校に係る入学者選抜）

作　　文

（自己表現）

（15分）

注　　意

1　「開始」の合図があるまで開いてはいけません。

2　答えは、すべて**解答用紙**に書きなさい。

解答用紙の「**採点**」の欄《らん》と「**採点者記入欄**」には、何も書いてはいけません。

3　「開始」の合図で、まず、**解答用紙**に**受験番号**を書きなさい。

4　「終了《しゅうりょう》」の合図で、すぐ鉛筆《えんぴつ》を置きなさい。

解答用紙

採点	採点者記入欄
20	

図2

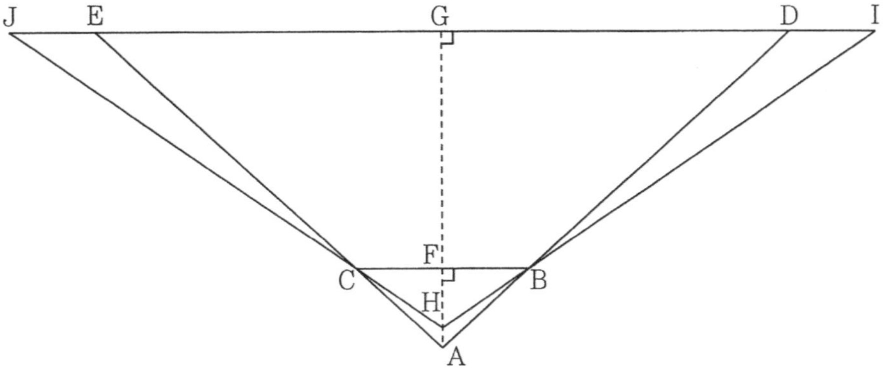

(2) みらいさんは、車が道路を走っているのを見て、窓から道路までの距離を調べる方法について考えました。**図3**は、みらいさんが外の道路を見ているところを、上から見たものとして模式的に表した図であり、点Kはみらいさんの位置、直線XYは道路、辺BCは窓を表し、車の大きさや道路の幅《はば》は考えないものとしています。車が直線XY上を点Lから点Mまで進む間だけ、みらいさんは窓から車を見ることができます。

図3において、三角形KLMは、三角形KBCの何倍かの拡大図であり、点Bは辺KL上に、点Cは辺KM上にそれぞれあります。点Oは辺LM上の点であり、点Kと点Oを結んだ線と辺BCの交わった点が点Nです。点Kと点Oを結んだ線は、辺BCと辺LMのどちらとも垂直であり、KNの長さとKOの長さの比は、BCの長さとLMの長さの比と等しくなっています。BCの長さは180 cm、KNの長さは75 cm、みらいさんが窓から車を見ることができた時間は4.5秒であり、車は一定の速さで走行し、その速さは時速36 kmであったとすると、NOの長さは何mですか。求めなさい。答えを求める過程がわかるように、途《と》中《ちゅう》の式をふくめた求め方も説明すること。

図3

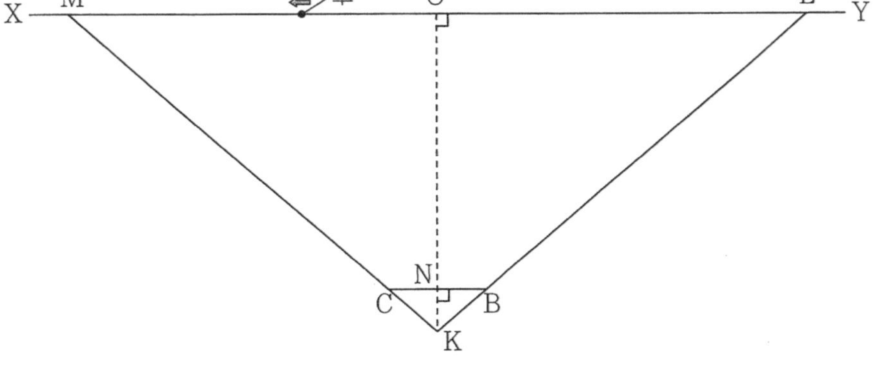

C 面

3　まことさんは、ハチの巣の構造に興味をもち、調べたところ、次のようなことがわかりました。

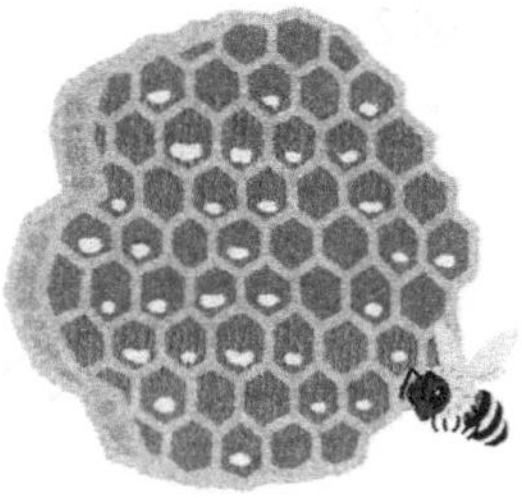

ハチの巣は、六角形の部屋をすきまなく並べてできており、このつくりを「ハニカム構造」という。ハニカム構造は、作成に必要な材料を少なくでき、軽くてじょうぶであるため、建物や飛行機の材料に使われることがある。

まことさんは、正六角形と、正六角形がすきまも重なりもなくしきつめられてできる図形について、考えることにしました。

(1)、(2)の問いに答えなさい。

(1)　まことさんは、**図1**のような正六角形を、まわりの長さと面積に着目して、**図2**のような円や**図3**のような正方形と比べました。あとの文章は、まことさんがまとめたものです。文章中の［ア］、［イ］に当てはまる数を求めなさい。ただし、円周率は3.14とします。

図1

図2
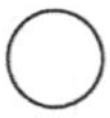

図3

三つの図形それぞれにおいて、まわりの長さが12.56 cmであるときの面積を調べる。

調べたところ、まわりの長さが12.56 cmの正六角形の面積は、およそ11.38 cm^2であるということがわかった。

まわりの長さが12.56 cmの円の面積は、［ア］cm^2である。

まわりの長さが12.56 cmの正方形の面積を、小数第三位を四捨五入して小数第二位までのがい数で表すと、約［イ］cm^2である。

(2)　**図4**の図形は、合同な正六角形がすきまも重なりもなくしきつめられてできる図形で、となり合う正六角形の辺どうしがぴったりあっています。まことさんは、**図4**のような図形について、次のように「辺の数」の数え方を決め、この「辺の数」について考えることにしました。①、②の問いに答えなさい。

図4
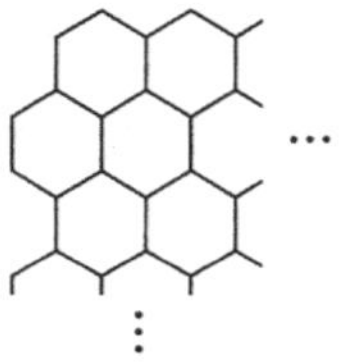

「辺の数」の数え方

- 正六角形の辺どうしがぴったりあっているところでは、2本の辺がぴったりあっているところ1か所につき1と数える。
- 正六角形の辺どうしがぴったりあっているところ以外では、辺1本につき1と数える。

① 囲んだ3個のマスにかかれた数の和が75のとき、「左の数」、「真ん中の数」、「右の数」はそれぞれ何ですか。求めなさい。答えを求める過程がわかるように、途《と》中《ちゅう》の式をふくめた求め方も説明すること。

② 囲んだ3個のマスにかかれた数の和が27の倍数である囲み方は、全部で何通りありますか。求めなさい。

(2) **表**中のかけ算の答えがかかれたマスを、縦2マス、横2マスの四角形で囲みます。はなさんとゆきさんは、囲んだ4個のマスにかかれた数の和について話をしています。**会話文**を参考に、あとの**問い**に答えなさい。

会話文

はなさん：囲んだ4個のマスにかかれた数の和を、何か工夫して求められないかな。

ゆきさん：マスにかかれた数を、四角形の面積におきかえて考えてみるのはどうだろう。例えば、**図2**のように囲むとき、2と4の積である8を、縦が2 cm、横が4 cmの長方形の面積におきかえてみよう。

図2

	1	2	3	4	5
1	1	2	3	4	5
2	2	4	6	8	10
3	3	6	9	12	15

はなさん：同じように考えると、10を縦が2 cm、横が5 cmの長方形の面積に、12を縦が3 cm、横が4 cmの長方形の面積に、15を縦が3 cm、横が5 cmの長方形の面積におきかえることができるね。

ゆきさん：**図3**のように、四つの長方形を組み合わせると、囲んだ4個のマスにかかれた数の和を、縦が5 cm、横が9 cmの長方形の面積におきかえることができるよ。

図3

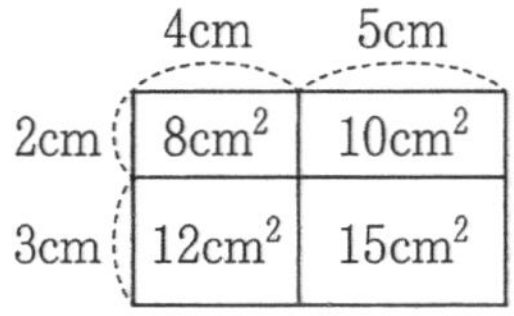

はなさん：囲んだ4個のマスにかかれた数の和は5 × 9で求めることができるね。

ゆきさん：この考え方を利用すれば、囲んだ4個のマスにかかれた数の和から、囲んだ4個のマスにかかれた数はそれぞれ何か求めることもできそうだね。

問い　次の文章中の[ア]、[イ]、[ウ]、[エ]に当てはまる数は何ですか。求めなさい。

囲んだ4個のマスにかかれた数の和が119になる囲み方は2通りある。どちらの囲み方も、囲んだ4個のマスにかかれた数を小さい順にならべると、[ア]、[イ]、[ウ]、[エ]である。

(3) **表**中のかけ算の答えがかかれたマスを、縦4マス、横3マスの四角形で囲みます。**はなさんのまとめ**と**会話文**を参考に、囲んだ12個のマスにかかれた数の和が396のとき、囲んだ12個のマスにかかれた数のうち最も大きい数を求めなさい。

適性検査Ⅱ〔ものづくり（理工）分野〕（大阪府立咲くやこの花中学校に係る入学者選抜）

1　次の問いに答えなさい。

(1) 「ある数」を3でわった数に7をたした数は10です。この「ある数」に3をかけた数から7をひいた数は何ですか。求めなさい。

(2)　2024以上3000以下の整数のうち、0.6をかけても、0.6でわっても、その答えがそれぞれ整数となる数は全部で何個ありますか。求めなさい。

(3)　ゆうさんは何枚かの折り紙を用意しました。ゆうさんとしほさんは、ゆうさんが用意した折り紙のうち、それぞれ何枚かの折り紙を使いました。しほさんは、ゆうさんが用意した折り紙の枚数の $\frac{1}{2}$ より7枚少ない枚数の折り紙を使い、ゆうさんは、しほさんが使った折り紙より2枚多い枚数の折り紙を使いました。また、二人が使った折り紙の合計の枚数は、ゆうさんが用意した折り紙の枚数の $\frac{3}{5}$ でした。ゆうさんが用意した折り紙の枚数は何枚ですか。求めなさい。

(4)　**図1**は、縦2マス、横2マスの合計4個のマスに区切られた正方形であり、4個のマスはすべて合同な正方形です。**図1**中の1から9の9個の点はそれぞれマスの頂点にあります。**図1**中の1の点を点A、2の点を点Bとします。また、**図1**中の3から9の7個の点のうち1個の点を選び点Cとし、残りの6個の点のうち1個の点を選び点Dとして、点Aと点B、点Bと点C、点Cと点D、点Dと点Aとをそれぞれ直線で結びます。このとき、結んだ直線によって囲まれてできる図形（以下、「囲まれた図形」とします）が、四角形になる点C、点Dの選び方と、四角形にならない選び方があります。例えば、**図2**の選び方では「囲まれた図形」は四角形になり、**図3**、**図4**、**図5**の選び方では「囲まれた図形」はどれも四角形になりません。「囲まれた図形」が四角形になる点C、点Dの選び方は、**図2**の選び方をふくめて全部で何通りありますか。求めなさい。

図1

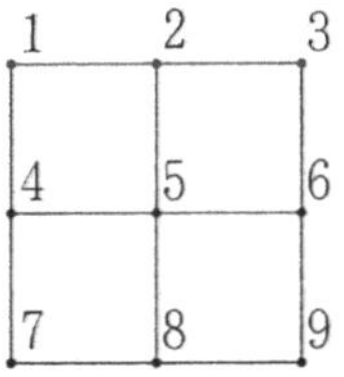

図2

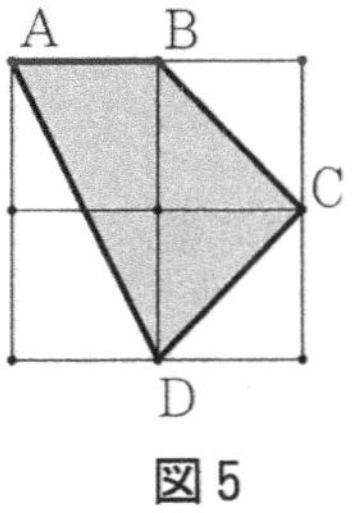

図3

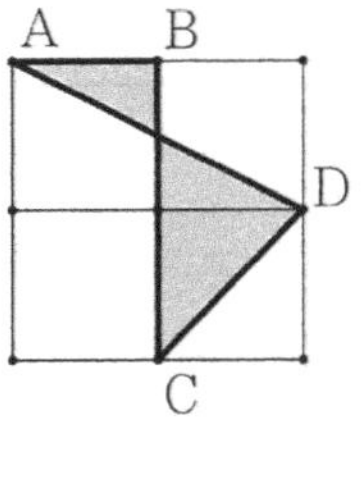

図4

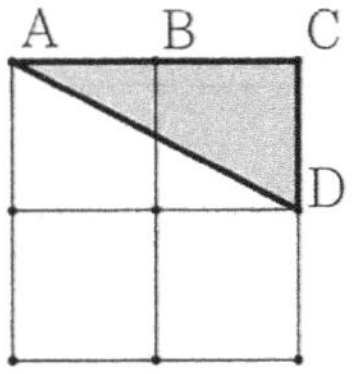

図5

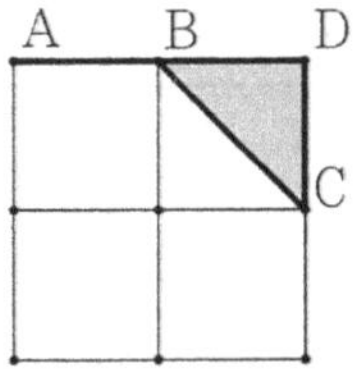

B 面

2 **表**は、九九の表です。はなさんとゆきさんは、**表**中のかけ算の答えが かかれたマスを、縦何マスか、横何マスかの四角形で囲み、囲んだマスにかかれた数の和について考えました。例えば、**図1**のように、縦1マス、横2マスの四角形で囲むとき、囲んだ2個のマスにかかれた数は4と6であり、囲んだマスにかかれた数の和は10です。(1)～(3)の問いに答えなさい。

表

		かける数								
		1	2	3	4	5	6	7	8	9
かけられる数	1	1	2	3	4	5	6	7	8	9
	2	2	4	6	8	10	12	14	16	18
	3	3	6	9	12	15	18	21	24	27
	4	4	8	12	16	20	24	28	32	36
	5	5	10	15	20	25	30	35	40	45
	6	6	12	18	24	30	36	42	48	54
	7	7	14	21	28	35	42	49	56	63
	8	8	16	24	32	40	48	56	64	72
	9	9	18	27	36	45	54	63	72	81

図1

	1	2	3
1	1	2	3
2	2	**4**	**6**
3	3	6	9

(1) **表**中のかけ算の答えがかかれたマスを、縦1マス、横3マスの四角形で囲みます。はなさんは、囲んだ3個のマスにかかれた数のうち、左のマスにかかれた数を「左の数」、真ん中のマスにかかれた数を「真ん中の数」、右のマスにかかれた数を「右の数」として、3個の数の和の求め方の工夫《くふう》を考え、気づいたことをまとめました。**はなさんの考え**と**はなさんのまとめ**を参考に、あとの①、②の問いに答えなさい。

はなさんの考え

4、6、8のマスを囲むと

4は6より2小さい数、8は6より2大きい数であるので、4と6と8の和は次のように計算できる。

$$4+6+8=(6-2)+6+(6+2)$$
$$=6+6+6+(2-2)$$
$$=6\times3$$
$$=18$$

28、35、42のマスを囲むと

28は35より7小さい数、42は35より7大きい数であるので、28と35と42の和は次のように計算できる。

$$28+35+42=(35-7)+35+(35+7)$$
$$=35+35+35+(7-7)$$
$$=35\times3$$
$$=105$$

はなさんのまとめ

表中のかけ算の答えがかかれたマスを、縦1マス、横3マスの四角形で囲むと、囲んだ3個のマスにかかれた数の和は、「真ん中の数」を3倍することで求めることができる。

C　面

① **図5**の図形は、合同な3個の正六角形が、1段目に1個、2段目に2個、並べられてできたもので、となり合う正六角形の辺どうしがぴったりあっています。まことさんは、**図5**の図形の「辺の数」について考えました。次の文は、まことさんがまとめたことの一部です。あとの問いに答えなさい。

図5

←1段目
←2段目

> **図5**の図形は、「辺の数」が15であり、**図6**のように3個の正六角形が離《はな》れているときよりも、「辺の数」が少なくなっている。
>
> **図6**
>
> 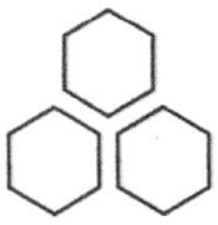

問い　次の**式**は、まことさんが**図5**の図形の「辺の数」を求めたときの求め方を表したものです。**式**中の下線部(あ)の**3**と下線部(い)の**3**は何を表していますか。それぞれが表しているものを簡潔に書きなさい。

式　6 × (あ)3 − (い)3

② まことさんは、たくさんの正六角形がすきまも重なりもなくしきつめられてできる図形について、「辺の数」を調べることにしました。**図7**の図形は、76個の合同な正六角形が、1段目に8個、2段目に9個、3段目に8個、4段目に9個…、と、8個と9個を交互《こうご》に9段目まで並べられてできたもので、となり合う正六角形の辺どうしがぴったりあっています。**図7**の図形の「辺の数」を求めなさい。

図7

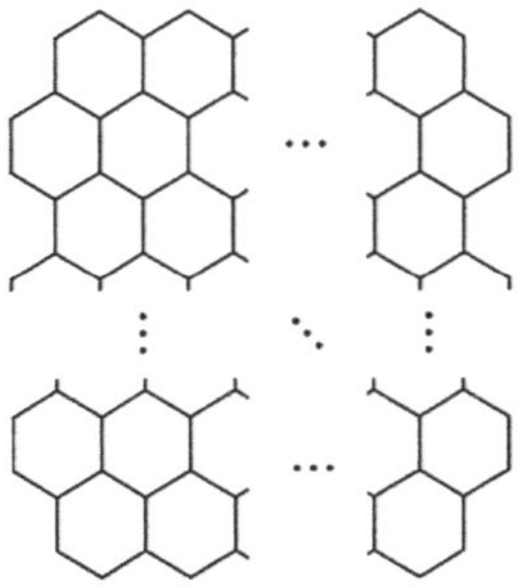

←1段目（8個）
←2段目（9個）
←3段目（8個）
⋮
←8段目（9個）
←9段目（8個）

D 面

4　みらいさんは、学校の１階にある教室の窓から外を見ているときに、窓の外を見る位置によって見える範囲《はんい》が変わることに気がつきました。そこで、窓の外を見る位置などからわかることについて考えました。

(1)、(2)の問いに答えなさい。ただし、**図１～図３**は正確とは限りません。

(1)　みらいさんは、窓の外にある２本の木の間の距離《きょり》を調べる方法について考えました。**図１**は、２本の木が窓の両端《りょうはし》とそれぞれ重なって見える位置からみらいさんが外を見ているところを、上から見たものとして模式的に表した図であり、点Ａはみらいさんの位置、点Ｄと点Ｅはそれぞれ木の位置、辺BCは窓を表しています。

図１において、三角形ADEは、三角形ABCの何倍かの拡大図であり、点Ｂは辺AD上に、点Ｃは辺AE上にそれぞれあります。点Ｇは辺DE上の点であり、点Ａと点Ｇを結んだ線と辺BCの交わった点が点Ｆです。点Ａと点Ｇを結んだ線は、辺BCと辺DEのどちらとも垂直であり、AFの長さとAGの長さの比は、BCの長さとDEの長さの比と等しくなっています。AFの長さは80 cm、FGの長さは240 cm、BCの長さは180 cmです。

①、②の問いに答えなさい。

図１

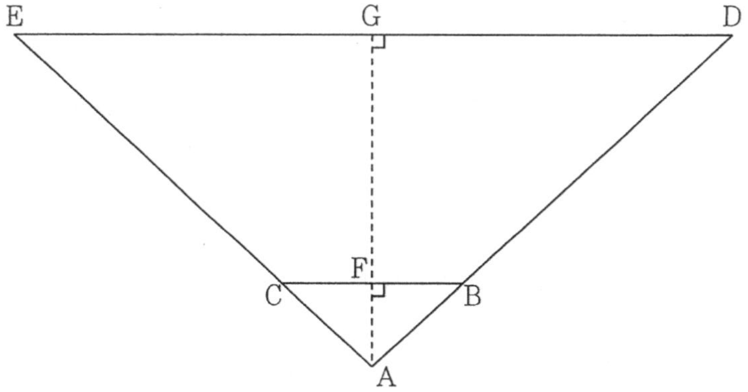

①　DEの長さは何cmですか。求めなさい。

②　みらいさんは、窓の外を見る位置を変えると見える範囲がどのくらい変わるかを考えました。**図２**は、**図１**に三角形HIJを書き加えたもので、点Ｈは窓の外を見る位置を変えたあとのみらいさんの位置を表しています。

図２において、点Ｈは点Ａと点Ｇを結んだ線上の点です。三角形HIJは、三角形HBCの何倍かの拡大図であり、点Ｂは辺HI上に、点Ｃは辺HJ上に、点Ｄと点Ｅは辺IJ上にそれぞれあります。HFの長さとHGの長さの比は、BCの長さとIJの長さの比と等しくなっています。HFの長さが60 cmであるとき、IJの長さはDEの長さの何倍ですか。求めなさい。

				採点	採点者記入欄
)	ア			3	
	イ			3	
2)	①	あ		3	
		い		3	
	②			6	
				/18	

			採点	採点者記入欄
)	①	cm	6	
	②	倍	6	
2)	（求め方）	m	10	
			/22	

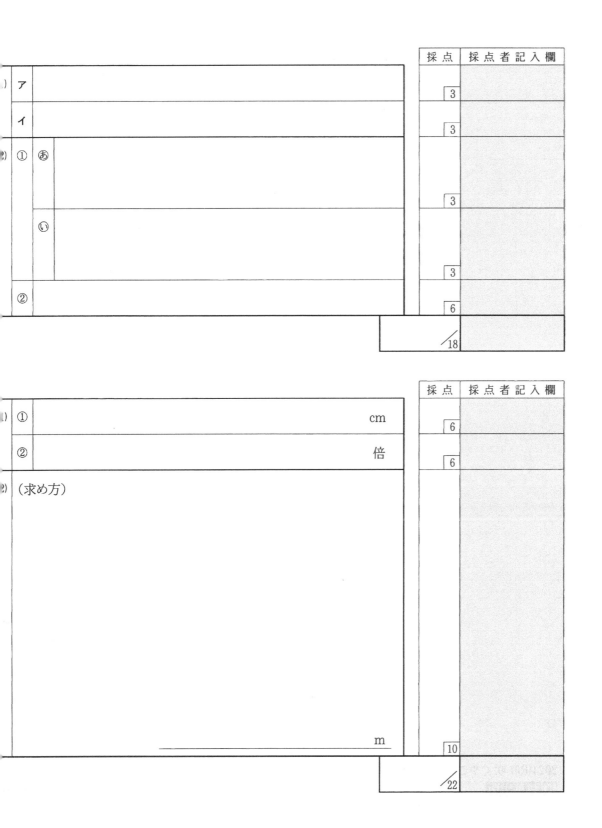

A　面

適性検査Ⅱ〔言語分野〕（大阪府立咲くやこの花中学校に係る入学者選抜）

1　あなたのクラスでは、読む人の心が幸せになるような絵本を作り、同じ小学校の一年生の児童に読み聞かせをすることになりました。

そこで、**【絵本の内容の一部】**に示す①～③までを作りました。また、そのあとに続く**【絵本の最終ページの候補】**として、A、Bの二つを考えました。あなたなら、どちらの候補を選びますか。次の**条件1・2**にしたがって書きなさい。

条件1　A、Bの候補それぞれについて、一年生の児童に伝わると考えられる内容を書いた上で、あなたが選んだ候補と選んだ理由を具体的に書くこと。

条件2　**解答用紙**①の19行から22行で終わるように書くこと。

【絵本の内容の一部】

①

ある はるの日、
はりねずみは
さんぽのとちゅう
花のぼうしを
かぶったとりに
出あいました。

「とりさん こんにちは。
すてきな ぼうしだね。
いいなあ。」

「ありがとう。
はりねずみさんも
かぶってみたら。」

②

しかし、
はりねずみが
ぼうしを かぶると
はりが ぼうしから
つきでて しまいました。

「ああ、どうしよう、
ごめんなさい。」

「気にしないで。
それより
はりねずみさんには
もっとにあう
ぼうしがあるはずよ。」

③

「たんぽぽの
わたげのぼうしは
どうかしら？
あら とても
にあうじゃない。」

「わあ、ぼくの
あたまの ちくちくに
たんぽぽの ふわふわが
ぴったりだ。
ありがとう、
うれしいよ。」

2　**【資料①】**、**【資料②】**は、全国の小学五年生に対して行われた「全国体力・運動能力、運動習慣等調査」の調査結果の一部です。**【資料①】**と**【資料②】**から、どのようなことが読み取れますか。また、**【資料①】**と**【資料②】**から読み取った内容に対して、あなたはどのように考えますか。次の**条件1・2**にしたがって書きなさい。

条件1　**【資料①】**と**【資料②】**のそれぞれから読み取ったことを書くこと。
ただし、どの資料のどの部分から読み取ったかがわかるように書くこと。

条件2　**解答用紙**②の19行から22行で終わるように書くこと。

※　資料中の数字や記号を使う場合は、次のように書いてもよい。

（例）

24	・	3	%

【資料①】

体力・運動能力調査として、全国の小学五年生に対して＊８種目の実技テストを行い、それぞれの児童について、各種目の得点（10点満点）の合計から、次の**総合評価基準表**にもとづいてＡ～Ｅの総合評価をしました。

総合評価基準表

総合評価	A	B	C	D	E
得点	65点以上	58～64点	50～57点	42～49点	41点以下

＊８種目：あく力、上体起こし、長座体前くつ、立ちはばとび、反復横とび、20ｍシャトルラン、50ｍ走、ソフトボール投げ。

次のグラフは、2017年度の全国の小学五年生と2022年度の全国の小学五年生における、総合評価Ａ～Ｅそれぞれの評価の人数の割合を表したものです。

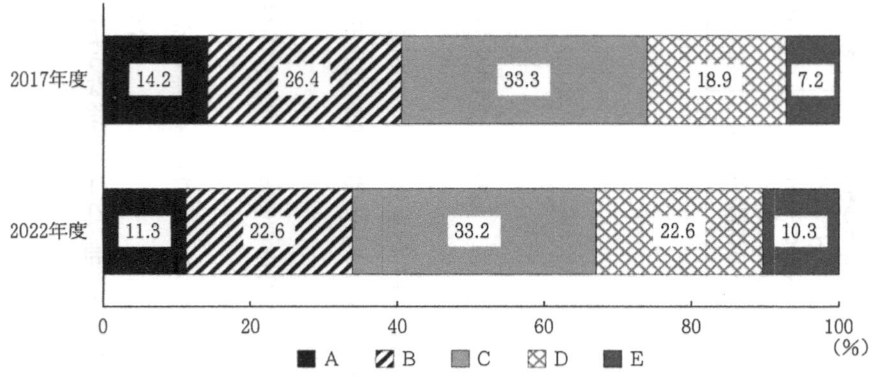

（スポーツ庁の資料により作成）

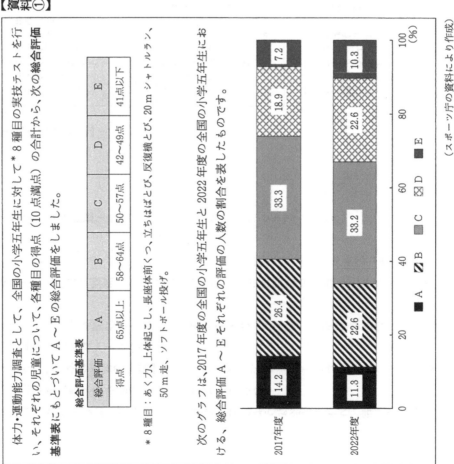

令和六年度大阪府立中学校入学者選抜適性検査問題
（大阪府立咲くやこの花中学校に係る入学者選抜）

適性検査Ⅱ〔言語分野〕解答用紙①

受験番号	番

得点	

〈解答用紙①の得点〉
※80点満点

1

1 2 3 4 5 6 7 8

令和六年度大阪府立中学校入学者選抜適性検査問題

（大阪府立咲くやこの花中学校に係る入学者選抜）

適性検査Ⅱ〔言語分野〕解答用紙②

2

1 2 3 4 5 6 7 8

受験番号	番

得点	

〈解答用紙②の得点〉

受験番号	番

作　文（自己表現）（大阪府立咲くやこの花中学校に係る入学者選抜）

問い

あなたは、本校の教育活動のどのようなところに魅力《みりょく》を感じていますか。また、あなたが本校で積極的に取り組みたいことは何ですか。次の**指示**にしたがって書きなさい。

指示

- **解答用紙**の13行から17行で終わるように書きなさい。
- 題名や名前は書かないで、本文から書き始めなさい。
- 書き始めは一字下げなさい。

得点	

※20点満点

3

令和６年度

大阪府立中学校入学者選抜適性検査問題

（大阪府立咲くやこの花中学校に係る入学者選抜）

適性検査Ⅱ

〔言語分野〕

（60分）

注　　意

1　「開始」の合図があるまで開いてはいけません。

2　答えは、すべて**解答用紙**に書きなさい。
ただし、問題**1**は**解答用紙①**に、問題**2**は**解答用紙②**に書きなさい。
答えの字数が指定されている問題は、、。「　」なども一字に数えます。
解答用紙の「**採点**」の欄《らん》と「**採点者記入欄**」には、何も書いてはいけません。

3　問題は、中の用紙のＡ面に**1**、Ｂ面に**2**があります。

4　「開始」の合図で、まず、**解答用紙①**と**解答用紙②**に**受験番号**を書きなさい。

5　「終了《しゅうりょう》」の合図で、すぐ鉛筆《えんぴつ》を置きなさい。

解答用紙②

22 21 20 19 18 17 16 15 14 13 12 11

2	採点	採
	40	

解答用紙①

22 21 20 19 18 17 16 15 14 13 12 11

1	採点
	40

【資料②】

運動習慣等調査として、全国の小学五年生に対して運動習慣や生活習慣等について質問をしました。

次のグラフは、2017 年度の全国の小学五年生と 2022 年度の全国の小学五年生における、平日１日あたり、学習以外でテレビ、ゲーム機、スマートフォンなどの画面を見ている時間をたずねる質問に対する回答を集計した結果を表したものです。

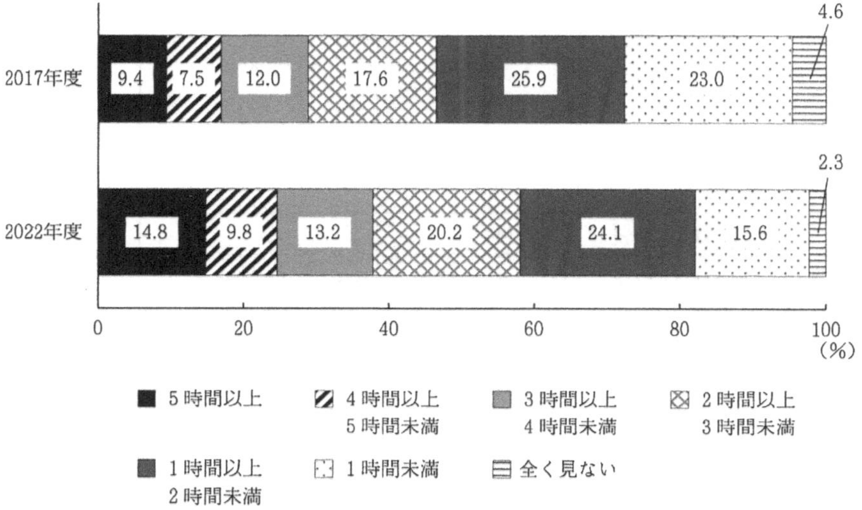

（スポーツ庁の資料により作成）

【絵本の最終ページの候補】

A

それから、
はりねずみと とりは
ほかの なかまにも
ぴったりな ぼうしを かんがえ
おすすめすることに しました。

「きのこの ぼうし
　しっとりして おちつくの。」

「はっぱの ぼうしも
ツンと とがって かっこいいぜ。」

じぶんに ぴったりな
ぼうしを みつけて
なかまは しあわせ。
なかまの しあわせそうな
すがたを みて
はりねずみも しあわせ。

はりねずみは なかまと ともに
ごきげんな はるの 日を
たのしみました。

B

「でも、わたげは かぜに とんで
なくなって しまう。
ざんねんね。」

「ざんねんだね。
でも、わたげが げんきに
とんでいく すがたが すてきだよ。
さあ、もっと とおく
もっと ひろい せかいに
いってらっしゃい わたげさん。
また あおうね。」

わたげの ぼうしが なくなっても、
じぶんは じゅうぶん しあわせだと
はりねずみは きがついたのでした。

そのとき、
さわやかな かぜが とおりぬけ
はりねずみと とりは
はればれとした きもちで はるの 日を
たのしみました。

3

令 和 6 年 度

大阪府立中学校入学者選抜適性検査問題

（大阪府立咲くやこの花中学校に係る入学者選抜）

適 性 検 査 Ⅱ

〔ものづくり（理工）分野〕

（60分）

注　　意

1　「開始」の合図があるまで開いてはいけません。

2　答えは、すべて**解答用紙**に書きなさい。

答えとして記号を選ぶ問題は、下の**【解答例】**にならい、すべて**解答用紙の記号**を○で囲みなさい。また、答えを訂正《ていせい》するときは、もとの○をきれいに消しなさい。

【解答例】

ア	イ	㋒	エ

解答用紙の「**採点**」の欄《らん》と「**採点者記入欄**」には、何も書いてはいけません。

3　問題は、中の用紙のＡ面に**1**、Ｂ面に**2**、Ｃ面に**3**、Ｄ面に**4**があります。

4　「開始」の合図で、まず、**解答用紙**に**受験番号**を書きなさい。

5　「終了《しゅうりょう》」の合図で、すぐ鉛筆《えんぴつ》を置きなさい。

受験番号	番

得点	

※80点満点

令和６年度大阪府立中学校入学者選抜適性検査問題

適性検査Ⅱ〔ものづくり（理工）分野〕解答用紙

			採点	採点者記入
1	(1)		5	
	(2)	個	5	
	(3)	枚	5	
	(4)	通り	5	
			/20	

				採点	採点者記入
2	(1)	①	（求め方） 「左の数」　「真ん中の数」　「右の数」	5	
		②	通り	5	
	(2)	ア　イ ウ　エ		5	
	(3)			5	
				/20	

3

令和６年度

大阪府立中学校入学者選抜適性検査問題

（大阪府立咲くやこの花中学校に係る入学者選抜）

適性検査Ⅱ

〔芸術（美術・デザイン）分野〕

（60分）

注　　意

1　「開始」の合図があるまで開いてはいけません。

2　答えは、すべて**解答用紙**にかきなさい。
ただし、問題１は**解答用紙①**に、問題２は**解答用紙②**にかきなさい。
解答用紙の**採点者《さいてんしゃ》記《き》入欄《にゅうらん》**には、何も書いてはいけません。

3　「開始」の合図で、まず、**解答用紙①**と**解答用紙②**に**受験番号**を書きなさい。

4　「終了《しゅうりょう》」の合図で、すぐ色鉛筆《えんぴつ》を置きなさい。

適性検査Ⅱ〔芸術（美術・デザイン）分野〕（大阪府立咲くやこの花中学校に係る入学者選抜）

1　今日は、あなたとあなたの友だちが学校の花だんの水やり当番です。あなたと友だちが、きれいな花が咲《さ》いている花だんに水やりをしているようすを、**解答用紙①**に色鉛筆《えんぴつ》でかきなさい。

※　**解答用紙①**は、縦長に使っても横長に使ってもどちらでもかまいません。

2　あなたは、あなたの学校の図書室の入り口のドアにはるポスターのデザインを考えることになりました。**図**の は、あなたがデザインしたポスターをはる位置を表しています。

読書の魅力《みりょく》が伝わるようなデザインを、**解答用紙②**に色鉛筆でかきなさい。

図

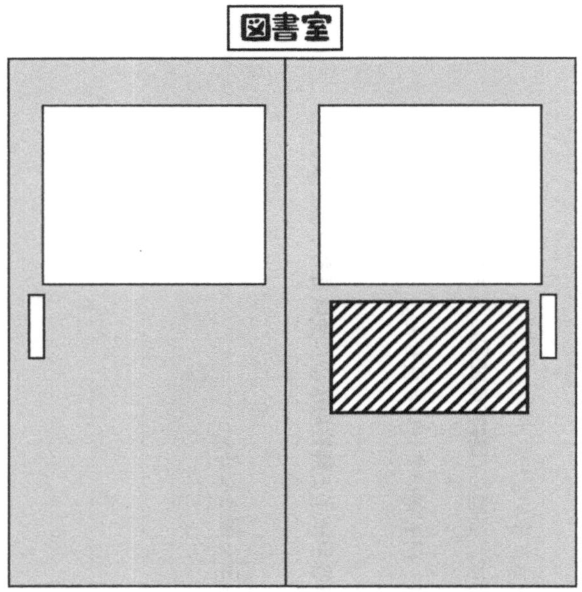

令和六年度大阪府立中学校入学者選抜適性検査問題

（大阪府立咲くやこの花中学校に係る入学者選抜）

適性検査Ⅱ〔芸術（美術・デザイン）分野〕解答用紙①

受験番号	番

得点	

※80点満点

1

	採点者記入欄	
1	/40	

令和六年度大阪府立中学校入学者選抜適性検査問題
（大阪府立咲くやこの花中学校に係る入学者選抜）

適性検査Ⅱ〔芸術（美術・デザイン）分野〕解答用紙②

2

受験番号	番

2	採点者記入欄	
	/40	

解答用紙②

【適

解答用紙①

1

令和５年度

大阪府立中学校入学者選抜適性検査問題

大阪府立咲くやこの花中学校に係る入学者選抜

適性検査Ⅰ

（国語・算数的問題）

（45分）

注　　意

1　「開始」の合図があるまで開いてはいけません。

2　答えは，すべて**解答用紙**に書きなさい。

ただし，問題１は**解答用紙①**に，問題２は**解答用紙②**に書きなさい。

・答えとして記号を選ぶ問題は，右の【解答例】にならい，すべて**解答用紙の記号**を○で囲みなさい。また，答えを訂正《ていせい》するときは，もとの○をきれいに消しなさい。

・答えの字数が指定されている問題は，、。「　」なども一字に数えます。

【解答例】

ア　イ　（ウ）　エ

解答用紙の**採点者**《さいてんしゃ》**記**《き》**入欄**《にゅうらん》には，何も書いてはいけません。

3　問題は，中の用紙のＡ面に１，Ｂ・Ｃ面に２があります。

4　「開始」の合図で，まず，**解答用紙①**と**解答用紙②**に**受験番号**を書きなさい。

5　「終了《しゅうりょう》」の合図で，すぐ鉛筆《えんぴつ》を置きなさい。

受験番号	番

得点	

〈解答用紙②の合計〉

令和５年度大阪府立中学校入学者選抜適性検査問題

〔大阪府立咲くやこの花中学校に係る入学者選抜・
大阪府立水都国際中学校に係る入学者選抜〕

適性検査Ⅰ（国語・算数的問題）解答用紙②

					採点者記入欄
2	(1)	①	人		/3
		②	冊		/3
		③	ア	イ	/3
	(2)	①	cm^2		/4
		②	cm		/4
	(3)	①	ウ	エ	
			オ	カ	/4
		②	枚		/4
					/25

令和五年度大阪府立中学校入学者選抜適性検査問題

〔大阪府立咲くやこの花中学校に係る入学者選抜・大阪府立水都国際中学校に係る入学者選抜〕

適性検査Ⅰ（国語・算数的問題）解答用紙①

受験番号	番

得点	

〈解答用紙①の合計〉
※50点満点

1

(1) a	(1) b	(1) c	(2)	(3)	(4)	
□《ツツ》まれる	□《タン》□《イ》	□《セイ》いっぱい	ア　イ　ウ　エ	ア　イ　ウ　エ	〔あ〕〔い〕〔う〕〔え〕	直線的な時間世界を確立する ことによって、
／2	／2	／2	／3	／3	／3	／6

採点者記入欄

C 面

(3) はるきさんは，おすすめ本を紹介《しょうかい》する記事をまとめた冊子を作ることにしました。

冊子は，紙を何枚か重ね，半分に折り曲げて作ります。冊子に使う紙は両面を使うこととし，左半分と右半分それぞれが冊子のページになります。また，ページ番号として，表紙や裏表紙をふくむすべてのページに，表紙から順に1から連続する（1ずつ大きくなる）整数をかきます。ページ番号は1ページにつき1個です。

例えば3枚の紙で冊子を作った場合について，それぞれの紙にかかれたページ番号は何かを考えます。**図5**は3枚の紙で作った冊子を，**図6**は**図5**の冊子を分解したようすを，それぞれ表したものです。**表2**は，**図5**の冊子の3枚の紙それぞれの内側の面と外側の面について，ページ番号がかかれたようすをまとめたもので，外側から1枚目の紙の内側の面にかかれたページ番号は，左のページが2で右のページが11です。

図5

図6

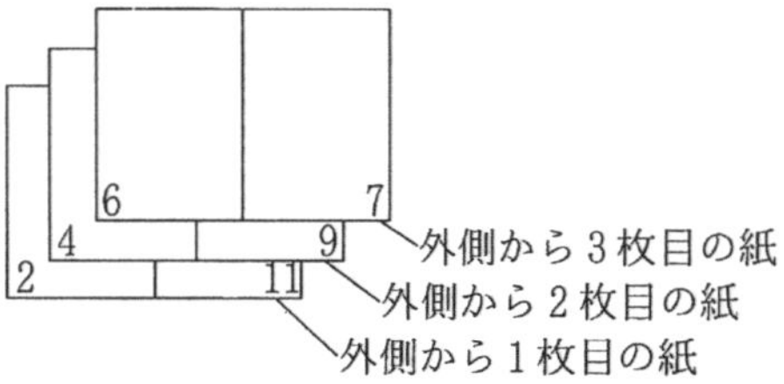

表2

	外側から1枚目の紙	外側から2枚目の紙	外側から3枚目の紙
内側の面	2 11	4 9	6 7
外側の面	12 1	ウ エ	オ カ

①，②の問いに答えなさい。

(2) ちひろさんは，図書室のおすすめ本コーナーの看板を，**図 1** のように，折り紙で作った「花」と「星」でかざりつけることにしました。
①，②の問いに答えなさい。

図 1

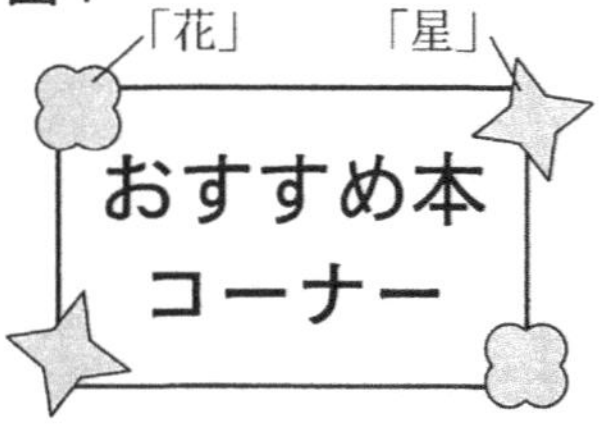

① 「花」を作るためには，まず折り紙の裏面の中央に，次の作業〈1〉と作業〈2〉を順に行って図形をかきます。**図 2** は，作業〈1〉，作業〈2〉それぞれを行ったあとの折り紙を表したものです。

作業〈1〉	1 辺が 6 cm の正方形をかく。この正方形の各辺のまん中の点を，点 A，点 B，点 C，点 D とする。
作業〈2〉	点 A，点 B，点 C，点 D をそれぞれ中心とする半径が 3 cm の円をかく。

次に，作業〈1〉と作業〈2〉を行ってできた図形の外側をすべて切り取ると「花」が完成します。**図 3** は，「花」を表したものです。「花」（**図 3** 中の ▒ ）の面積を求めなさい。ただし，円周率は 3.14 とし，作業〈1〉と作業〈2〉を行ってできた図形が折り紙からはみ出ることはないものとします。

図 2

作業〈1〉を行ったあと　　作業〈2〉を行ったあと

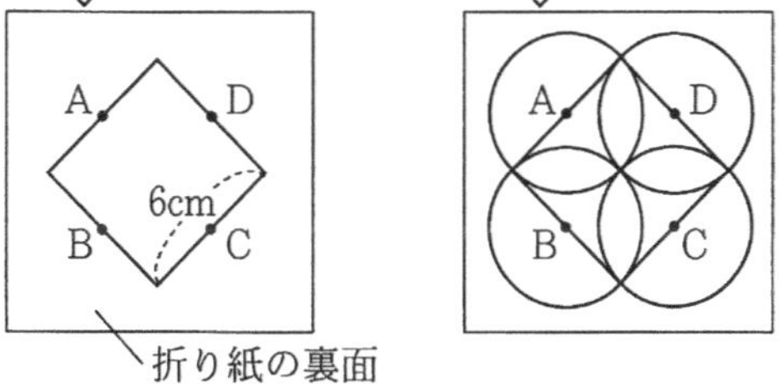

図 3

「花」

② 「星」は，1 辺が 12 cm の正方形の折り紙から，四つの合同な三角形を切り取って作ります。切り取る三角形は，どれも，正方形の辺を底辺とし，底辺以外の二つの辺の長さが等しい二等辺三角形です。**図 4** は，「星」を作るときの切り取る部分と残る部分を表したものです。切り取る部分の面積の合計と残る部分の面積との比が 5 : 7 であるとき，切り取る三角形の高さ（**図 4** 中の△ cm）を求めなさい。

図 4

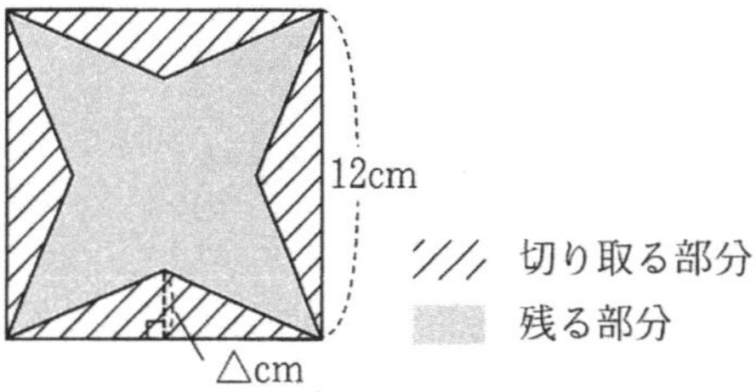

A　面

(1) 本文中の～～～線部**a**～**c**のカタカナを文脈に合わせて漢字に直し、解答欄《かいとうらん》の枠内《わくない》に**大きくていねいに**書きなさい。

(2) 本文中に――線部①とありますが、次の**ア**～**エ**のうち、この言葉の本文中での意味として最も適しているものを一つ選び、記号を○で囲みなさい。

ア　もしも　　**イ**　たびたび　　**ウ**　いろいろ　　**エ**　もともと

(3) 次の**ア**～**エ**のうち、本文中の――線部②のさし示している内容として最も適しているものを一つ選び、記号を○で囲みなさい。

ア　自然が生存の条件を受け入れながら少しずつ過去の状態に戻っていこうとするということ。

イ　自然がつくりだしている時間世界と、人間の時間世界に相違があるということ。

ウ　時間がゆっくりと流れゆくということや、時間のスケールが大きいということ。

エ　時間があわただしく流れ、短い期間で次から次へと世界が変わっていくということ。

(4) 次の一文は本文中の〔**あ**〕～〔**え**〕のいずれかに入ります。最も適しているものを一つ選び、記号を○で囲みなさい。

> こんな森の様子をみていると、私には自然は循環する時間世界のなかで生きているように思えてくる。

(5) 本文中に――線部③とありますが、筆者は、現代の人間たちは直線的な時間世界を確立することによってどのようなものになり、自然に対してどのようなことをするようになったと述べていますか。その内容についてまとめた次の文の［　　］に入る内容を、本文中の言葉を使って**三十五字以上、四十五字以内**で書きなさい。

> 現代の人間たちは、直線的な時間世界を確立することによって、［　　　　］ようになったのではないか。

(6) 次の**ア**～**エ**のうち、本文中で述べられている内容と合うものとして最も適しているものを一つ選び、記号を○で囲みなさい。

ア　今日の自然は太古の自然と違って、循環的な時間世界のなかで変化を求めて生きるようになった。

イ　自然は一年ごとに新しい営みをはじめるのに対して、人間は毎年同じ営みを繰り返している。

ウ　現代の人間は生存の条件を変えながら生きていくことによって、自然がつくりだしている時間世界のなかで暮らすようになった。

エ　人間は、自然の時空をこわさないでおくことのできる社会をつくりださなければ、自然と共生することはできない。

2

令和５年度

大阪府立中学校入学者選抜作文
（大阪府立咲くやこの花中学校に係る入学者選抜）

作　文
（自己表現）
（15分）

注　意

1　「開始」の合図があるまで開いてはいけません。

2　答えは，すべて**解答用紙**に書きなさい。

3　「開始」の合図で，まず，**解答用紙**に**受験番号**を書きなさい。

4　「終了《しゅうりょう》」の合図で，すぐ鉛筆《えんぴつ》を置きなさい。

解答用紙

A面

適性検査Ⅱ〔言語分野〕（大阪府立咲くやこの花中学校に係る入学者選抜）

1　あなたのクラスでは、それぞれの児童が詩を選び、選んだ詩のよさをクラスの友だちと伝え合うことになり、あなたは、あとのA、Bいずれかの詩のよさを伝えることにしました。

あとの**【詩】**中のA、Bから一つ選んで記号を書き、選んだ詩のよさを書きなさい。ただし、次の**条件1・2**にしたがって書くこと。

条件1　詩の表現にふれて書くこと。

条件2　**解答用紙**①の19行から22行で終わるように書くこと。

【詩】

A

言葉は

杉《すぎ》本《もと》深《み》由《ゆ》起《き》

言葉は
紙ヒコーキのようなものでしょう

一つの言葉に
丁寧《ていねい》に折り目をつけて
祈《いの》るような気持《きもち》で飛ばしたり
ときには荒々《あらあら》しく
続けざまに投げつけたり

わたしのこころ
乗せただけ　ひとつも
こぼれ落ちずに届くかしら
まっすぐに

（杉本深由起『キュッキュッ　クックックッ』による）

B　面

2　あなたが住む市では、市内をめぐるバスが市によって運行されています。運行されているバスは、市内の鉄道の駅にあるバス停を発着し、市内をめぐり、市民や他の地域から市を訪《おとず》れる人々の移動を支えています。このバスについて、人々がより快適に過ごせる市をめざし、市内の各地にすでにあるバス停に加えて市内に近年開業した施設《しせつ》のうちいくつかにもバスを停車させる計画があります。

あなたは、**【近年開業した施設】**中のA〜Eの施設のうち、どの施設にバスを停車させることが最もよいと考えますか。**【近年開業した施設】**中のA〜Eから一つ選び、記号を書きなさい。また、その施設にバスを停車させることがよいと考える理由を次の**条件1〜3**にしたがって書きなさい。

条件1　あなたが考える、人々が快適に過ごせる市の姿を書くこと。

条件2　**【各施設に関する情報】**にふれて書くこと。

条件3　**解答用紙②**の19行から22行で終わるように書くこと。

※　施設をそれぞれA〜Eと書いてもよい。

令和五年度大阪府立中学校入学者選抜適性検査問題
（大阪府立咲くやこの花中学校に係る入学者選抜）

適性検査Ⅱ〔言語分野〕解答用紙①

受験番号	番

得点	

※80点満点

1

あなたが選んだ詩 □

1 2 3 4 5 6 7 8

採点者記入欄		
1	/40	

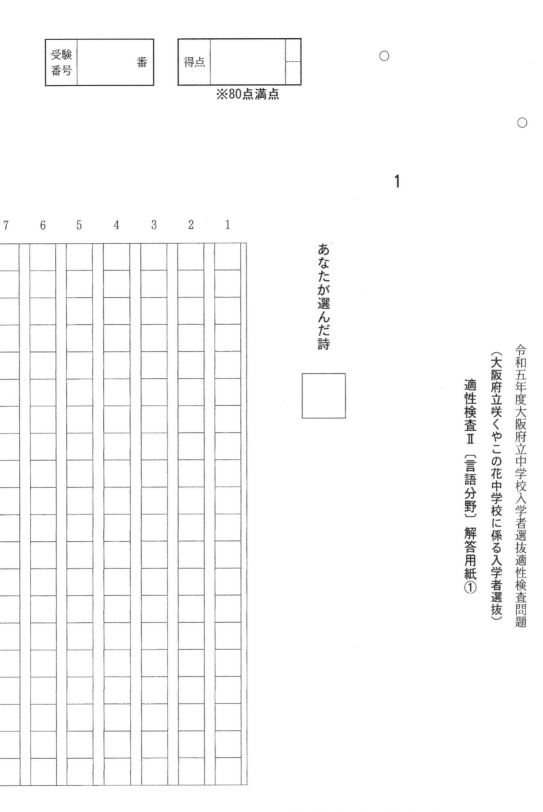

令和五年度大阪府立中学校入学者選抜適性検査問題
（大阪府立咲くやこの花中学校に係る入学者選抜）

適性検査Ⅱ〔言語分野〕解答用紙②

2

バスを停車させることが最もよいと考える施設

1 2 3 4 5 6 7 8

2	採点者記入欄
	/40

受験番号	番

受験番号　　　番

得点

※20点満点

作　文（自己表現）（大阪府立咲くやこの花中学校に係る入学者選抜）

問い

あなたが本校に入学を希望する理由は何ですか。また、あなたが入学後にチャレンジしたいことは何ですか。次の**指示**にしたがって書きなさい。

指示

- **解答用紙**の13行から17行で終わるように書きなさい。
- 題名や名前は書かないで、本文から書き始めなさい。
- 書き始めは一字下げなさい。

A 面

適性検査Ⅰ（国語・算数的問題）（大阪府立咲くやこの花中学校に係る入学者選抜・大阪府立水都国際中学校に係る入学者選抜）

1 次の文章を読んで、あとの問いに答えなさい。

自然と人間の共生、私たちは近年になって①しばしばこの言葉を口にするようになった。だが自然と人間の共生とは何だろうか。この問題を考えるとき、生存の条件を変えながら生きていく人間と、その条件を受け入れながら少しずつ過去の状態に戻《もど》っていこうとする自然との、根本的な生存原理の違《ちが》いを私は感じてしまう。そしてこの自然と人間の違いの奥《おく》には、自然がつくりだしている時間世界と、人間の時間世界の相違《そうい》があるように思うのである。〔あ〕

自然は特有の時間世界をもっている。ゆっくりと流れゆく時間や、時間スケールの大きさもその特徴《とくちょう》のひとつだろう。少しずつしか変わることのない森の時間はゆったりと流れ、ときにその森のなかには、数千年を生きる古木が息づいている。それとくらべれば、人間の時間世界はあわただしくその短い時間を変わっていく。

②だがそれだけが、自然の時間の特徴だとは思わない。〔い〕なぜなら自然は円を描《えが》くように繰《く》り返《かえ》される時間世界のなかで生きているのに対して、現代の人間たちは、直線的に伸《の》びていく時間世界のなかで暮らしているような気がするからである。〔う〕

森のなかでは季節は毎年繰り返されている。草花の花が咲《さ》き森の樹々《きぎ》が芽吹《めぶ》く春、濃緑《のうりょく》の葉にaツツまれる夏、紅葉の秋、そして落葉の冬。季節は毎年同じように*循環《じゅんかん》してきて、その季節のなかで森は、春の営み、夏の営み、そして秋の、冬の営みを繰り返す。毎年変わらない春を迎《むか》えることは、森の正常な姿である。〔え〕一年をbタンイとする時間循環があり、さらに幼木が老木となって倒《たお》れていく、大きな時間循環の世界がある。

そしてこの循環する時間世界のなかで暮らすものたちは、変化を求めてはいないのである。太古の自然と同じように、今日の自然も生きようとしている。

だが現代の人間たちはそんな時間世界のなかでは生きていない。私たちはけっして循環することもなく、変わりつづける③直線的な時間のなかで生きているのである。過去は過ぎ去り、時間とともに私たちはすべてのものを変化させてしまう。自然が去年と同じ春の営みをはじめるのに対して、人間たちは昨年から一年を経た新しい春を迎えるのである。

ある意味では、人間はこの直線的な時間世界を確立することによって、循環する時間世界のなかで生存している自然から自立した動物になった。自然のように、cセイいっぱい春を生き、秋を生きていくことを、生命の*証《あかし》とすることはできなくなった。

こうして、人間の営みは自然の営みを*阻害《そがい》するようになったのではなかろうか。なぜなら人間たちは生存していくために変化を求めつづけるけれども、自然は生存条件の変化を求めてはいないからである。

とすると自然と人間が共生するには、循環的な時間世界のなかで、変化を望まずに生きている自然の時空をこわさないでおくことのできる社会を、私たちがつくりだすしかないのである。

（内山節《うちやまたかし》『森にかよう道』による）

*循環 ＝ ひとまわりして、また元の場所あるいは状態にかえり、それを繰り返すこと。
*証 ＝ 確かな証拠《しょうこ》。
*阻害 ＝ じゃますること。

B　面

2　あすかさんとちひろさんとはるきさんは図書委員です。3人は図書委員として様々な活動をしています。

(1)～(3)の問いに答えなさい。

(1)　あすかさんは，図書室に来た児童のうち，5年生10人と6年生15人に，「冬休みに読んだ本の冊数は何冊ですか。」というアンケートをとりました。**表1**は，そのアンケートの結果をまとめたものです。

①～③の問いに答えなさい。

表1

冬休みに読んだ本の冊数（冊）	5年生（人）	6年生（人）
2	0	**ア**
3	2	**イ**
4	3	5
5	2	4
6	1	2
7	2	1
合計	10	15

①　アンケートに回答した5年生10人とアンケートに回答した6年生15人のうち，冬休みに読んだ本の冊数が5冊以上である児童は合計何人ですか。求めなさい。

②　アンケートに回答した5年生10人の，冬休みに読んだ本の冊数の中央値を求めなさい。

③　アンケートに回答した6年生15人の，冬休みに読んだ本の冊数の平均値は4.4冊でした。**表1**中の**ア**，**イ**にあてはまる数をそれぞれ求めなさい。

C　面

①　**表2**中の ウ ～ カ にあてはまるページ番号をそれぞれ書きなさい。

②　ある枚数の紙で作った冊子を分解すると，冊子に使われていた紙のうち，ある紙のある面にかかれたページ番号は，**図7**のように，左のページが32で右のページが9でした。分解する前の冊子は，何枚の紙で作りましたか。求めなさい。

図7

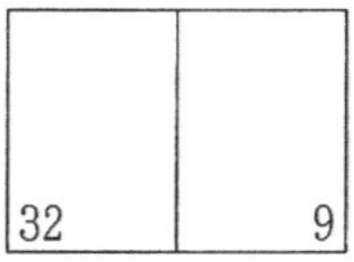

解答用紙①

(6)	
ア イ ウ エ	ようになったのではないか。

/25	/4	

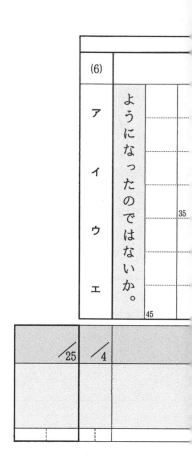

解答用紙②

3

令和５年度

大阪府立中学校入学者選抜適性検査問題

（大阪府立咲くやこの花中学校に係る入学者選抜）

適性検査Ⅱ

〔言語分野〕

（60分）

注　　意

1　「開始」の合図があるまで開いてはいけません。

2　答えは，すべて**解答用紙**に書きなさい。
ただし，問題**1**は**解答用紙①**に，問題**2**は**解答用紙②**に書きなさい。
答えの字数が指定されている問題は，、。「　」なども一字に数えます。
解答用紙の**採点者《さいてんしゃ》記入欄《きにゅうらん》**には，何も書いてはいけません。

3　問題は，中の用紙のＡ面に**1**，Ｂ面に**2**があります。

4　「開始」の合図で，まず，**解答用紙①**と**解答用紙②**に**受験番号**を書きなさい。

5　「終了《しゅうりょう》」の合図で，すぐ鉛筆《えんぴつ》を置きなさい。

解答用紙②

22 21 20 19 18 17 16 15 14 13 12 11

解答用紙①

22 21 20 19 18 17 16 15 14 13 12 11

B　面

【近年開業した施設】

A	市内で最も大きい病院
B	図書館と＊児童館と＊市役所の出張所がある公共施設
C	映画館や＊フードコートを備えたショッピングセンター
D	遊具やグラウンドや体育館を備えた総合運動公園
E	果物の収穫《しゅうかく》体験などができる農業公園

＊児童館：子どもたちの遊び場や，遊具や，子育て支援《しえん》窓口などがある施設。
＊市役所の出張所：生活に必要な手続きができるところ。
＊フードコート：ショッピングセンター内の飲食店街。

【各施設に関する情報】

施設	年間利用者数		自動車で来る利用者の割合	すでにあるバス停からの距離《きょり》
	市民	市民以外		
A	約 18 万人	約 5 万人	約 50 %	約 0.3 km
B	約 25 万人	約 2 万人	約 20 %	約 3.0 km
C	約 300 万人	約 900 万人	約 60 %	約 0.5 km
D	約 50 万人	約 100 万人	約 30 %	約 1.0 km
E	約 3 万人	約 42 万人	約 90 %	約 4.0 km

※　Aの施設における年間利用者数と自動車で来る利用者の割合は，通院利用のみを集計している。

【適

B

水ぬるむ

高階杞一《たかしなきいち》

春がきて
凍《こお》っていた顔もとけてきた
チューリップのように並んだ笑顔《えがお》
世界には
まだまだいっぱい素晴《すば》らしいことがある
と
それは
教えてくれているようで

よかったね
生きていて

まだ風は冷たいけれど
春の服を着て
出かけてみよう

蛇口《じゃぐち》は胸の中にある
ひねれば
きっと
昨日とは違《ちが》う水が出る

（高階杞一『空への質問』による）

3

令 和 5 年 度

大阪府立中学校入学者選抜適性検査問題

（大阪府立咲くやこの花中学校に係る入学者選抜）

適 性 検 査 Ⅱ

〔ものづくり（理工）分野〕

（60分）

注　　意

1　「開始」の合図があるまで開いてはいけません。

2　答えは，すべて**解答用紙**に書きなさい。

答えとして記号を選ぶ問題は，下の**【解答例】**にならい，すべて**解答用紙の記号**を○で囲みなさい。また，答えを訂正《ていせい》するときは，もとの○をきれいに消しなさい。

【解答例】

ア	イ	ウ	エ

解答用紙の**採点者《さいてんしゃ》記《き》入欄《にゅうらん》**には，何も書いてはいけません。

3　問題は，中の用紙のA面に**1**，B面に**2**，C・D面に**3**があります。

4　「開始」の合図で，まず，**解答用紙**に**受験番号**を書きなさい。

5　「終了《しゅうりょう》」の合図で，すぐ鉛筆《えんぴつ》を置きなさい。

受験番号	番	得点	

※80点満点

令和５年度大阪府立中学校入学者選抜適性検査問題

適性検査Ⅱ〔ものづくり（理工）分野〕解答用紙

				採点者記入欄	
1	(1)	ア		/2	
		イ		/3	
	(2)		台	/5	
	(3)		人	/5	
	(4)		cm	/5	
				/20	

				採点者記入欄	
2	(1)		回	/5	
	(2)	①	□ □ □ □	/5	
		②		/5	
		③	回	/5	
				/20	

② ゆうさんは，蒸散によって植物の体から出ていく水の重さがどのくらいであるかということに興味をもちました。調べたところ，ホウセンカにおいて，蒸散が体のどこで行われているかを調べる実験の結果がまとめられた資料を見つけました。

表2は，ゆうさんが見つけた資料の一部で，ある日の2時間の間に，蒸散によってホウセンカの「葉の表」や「葉の裏」や「茎《くき》」から出ていった水の重さをまとめたものです。**表2**中のXは「葉の表」と「茎」から，Yは「葉の裏」と「茎」から，Zは「葉の表」と「葉の裏」と「茎」から，それぞれ出ていった水の重さを表しています。なお，**表2**中のX，Zにおける「葉の表」から出ていった水の重さは同じです。同様に，Y，Zにおける「葉の裏」から出ていった水の重さも，X～Zにおける「茎」から出ていった水の重さも，それぞれ同じです。

表2をもとに，あとの問いに答えなさい。

表2　2時間の間に蒸散によって出ていった水の重さ

	水が出ていった部分	出ていった水の重さ
X	「葉の表」と「茎」	1.5 g
Y	「葉の裏」と「茎」	3.7 g
Z	「葉の表」と「葉の裏」と「茎」	5.0 g

問い　**表2**をもとに，「葉の表」から蒸散によって出ていった水の重さと，「葉の裏」から蒸散によって出ていった水の重さがそれぞれ，ホウセンカの体全体（「葉の表」と「葉の裏」と「茎」）から蒸散によって出ていった水の重さの何％にあたるかを求め，解答欄《かいとうらん》の円を使って円グラフに表しなさい。なお，円グラフの区切られた部分のうち，どの部分が「葉の表」，「葉の裏」を示しているかがわかるようにかくこと。

C 面

3 植物に興味のあるゆうさんは，いろいろな植物を観察し，そのつくりやはたらきについて調べました。

(1)，(2)の問いに答えなさい。

(1) ホウセンカを上から見ると，**写真 1** のように，ホウセンカの葉は，重なりが少なくなってどの葉にも日光が当たりやすいように茎《くき》についています。さらにホウセンカを横から見ると，**写真 2** のように，葉は茎の下から上に向かって茎の周りを回転するように規則正しくついています。

写真 1

写真 2

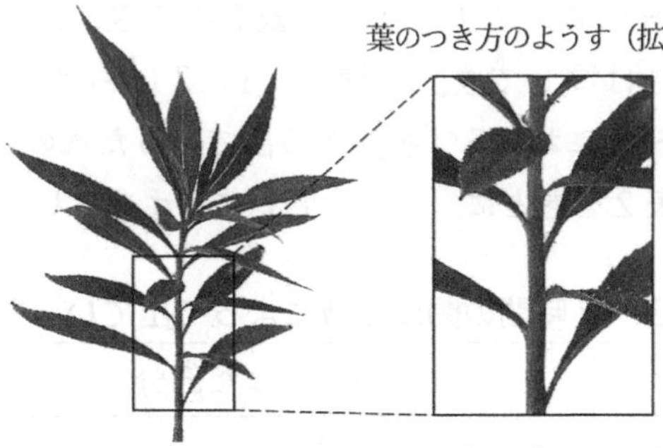

植物の葉のつき方に規則性があるのではないかと考えたゆうさんは，ホウセンカのほか，バイケイソウ，タカサゴユリ，マーガレットについて，葉のつき方を観察しました。

図 1 は，バイケイソウの葉のつき方を模式的に表したものです。ゆうさんは，**図 1** のように，茎の下の方についているある葉を [0] として，[0] から上に向かって順に [1]，[2]，[3]，…と葉に番号をつけ，葉が茎についている位置を観察しました。その際，上から見たときに，茎についている位置が [0] の葉と最初に重なる葉（以下，「最初に重なる葉」とします）の番号と，[0] の葉から「最初に重なる葉」までに，何枚の葉で茎の周りを何周しているかについて調べました。

図 1

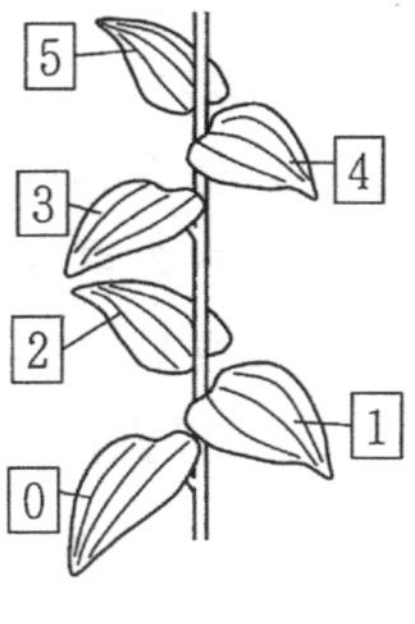

ゆうさんが調べたところ，バイケイソウにおける「最初に重なる葉」の番号は [3] であることがわかりました。

図 2 は，バイケイソウを上から見たときの，[0] の葉から [3] の葉までの葉が茎についている位置の関係を模式的に表したものです。**図 2** で表したように，バイケイソウでは，[0] の葉から [3] の葉までに，3 枚の葉で茎の周りを 1 周しています。植物を上から見たときに，連続する二つの番号の葉が茎についている位置それぞれと茎の中心とを結んでできる角の大きさ（以下，「開度」とします）は，すべて 120 度となっています。

図 2

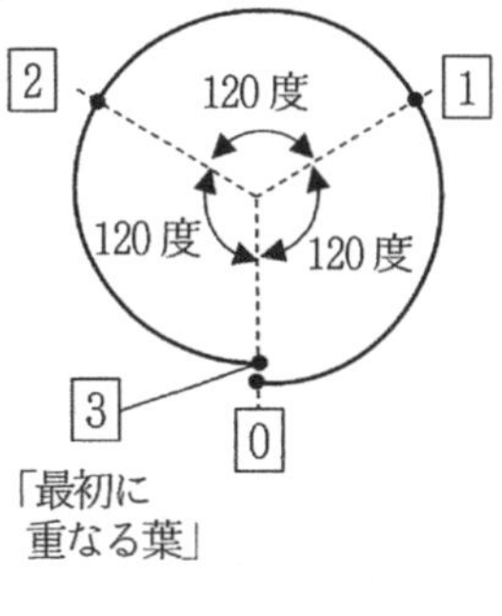

(1) [5] [1] [4] [2] [3] とカードを並べ，**並べかえ**をするとき，**並べかえ**をはじめてから終了するまでに，カードの位置の入れかえは何回行いますか。求めなさい。

(2) あるカードについて，**並べかえ**をはじめてから終了するまでに位置が変わった回数を，そのカードの「移動回数」とします。例えば，**図2**のように，[8] [3] [2] [6] とカードを並べ，**並べかえ**をするとき，[3] のカードの「移動回数」は2回です。

①〜③の問いに答えなさい。

図2

① [1]，[2]，[3]，[4] の4枚のカードをある順番で横一列に並べ，**並べかえ**をすると，「移動回数」はどのカードも2回でした。このとき，**並べかえ**をする前の4枚のカードの順番はどのようになっていましたか。解答欄《かいとうらん》の □ に1〜4の整数を書きなさい。

② [1]，[2]，[3]，[4]，[5]，[6]，[7]，[8]，[9]，[10] の10枚のカードを横一列に並べ，**並べかえ**をします。**並べかえ**をする前の10枚のカードの順番がどのような順番であっても，**並べかえ**をする前に右端から1枚目であったカードの「移動回数」は，このカードにかかれた整数を x として，ある式に表すことができます。その式を求めなさい。

③ 10枚のカードを横一列に並べ，**並べかえ**をします。10枚のカードの「移動回数」の合計が最も大きくなるとき，その「移動回数」の合計は何回ですか。求めなさい。

適性検査Ⅱ〔ものづくり（理工）分野〕（大阪府立咲くやこの花中学校に係る入学者選抜）

1　次の問いに答えなさい。

(1)　次の文章中の ア ，イ にあてはまる数をそれぞれ求めなさい。

> $\frac{5}{7}$を小数で表し，小数第三位を四捨五入して小数第二位までのがい数にすると ア になる。また，$\frac{5}{7}$と ア との差を分数で表すと イ になる。

(2)　こうさんは，9時から10時の間に家の近くの道路を通った乗り物について，種類ごとにそれぞれ何台通ったかを記録しました。**表**は，その記録をまとめたものです。**表**の一部が汚《よご》れて乗用車の台数と合計の台数がわからなくなってしまいましたが，合計の台数をもとにしたときの乗用車の台数の割合は46％であることがわかっています。**表**中の乗用車の台数を求めなさい。

表

種類	台数（台）
乗用車	
トラック	43
タクシー	16
バス	7
その他	15
合計	

3

令 和 5 年 度

大阪府立中学校入学者選抜適性検査問題

（大阪府立咲くやこの花中学校に係る入学者選抜）

適 性 検 査 Ⅱ

〔芸術（美術・デザイン）分野〕

（60分）

注　　意

1　「開始」の合図があるまで開いてはいけません。

2　答えは，すべて**解答用紙**にかきなさい。
ただし，問題 1 は**解答用紙①**に，問題 2 は**解答用紙②**にかきなさい。
解答用紙の**採点者《さいてんしゃ》記《き》入欄《にゅうらん》**には，何も書いてはいけません。

3　「開始」の合図で，まず，**解答用紙①**と**解答用紙②**に**受験番号**を書きなさい。

4　「終了《しゅうりょう》」の合図で，すぐ色鉛筆《えんぴつ》を置きなさい。

適性検査Ⅱ〔芸術（美術・デザイン）分野〕（大阪府立咲くやこの花中学校に係る入学者選抜）

1　あなたが友だちと下校していると、雨が降り出しました。あなたと友だちが公園で雨宿りをする様子を、**解答用紙①**に色鉛筆《えんぴつ》でかきなさい。

※　**解答用紙①**は、縦長に使っても横長に使ってもどちらでもかまいません。

2　あなたは、新鮮《しんせん》な食材をスーパーマーケットに運ぶトラックのデザインを考えることになりました。**図**は、あなたがデザインを考えるトラックを表しています。

次の**条件**にしたがって、食材の新鮮さをイメージさせるようなデザインを、**解答用紙②**に色鉛筆でかきなさい。

条件　**図**の □ で示した面のデザインをかくこと。

図

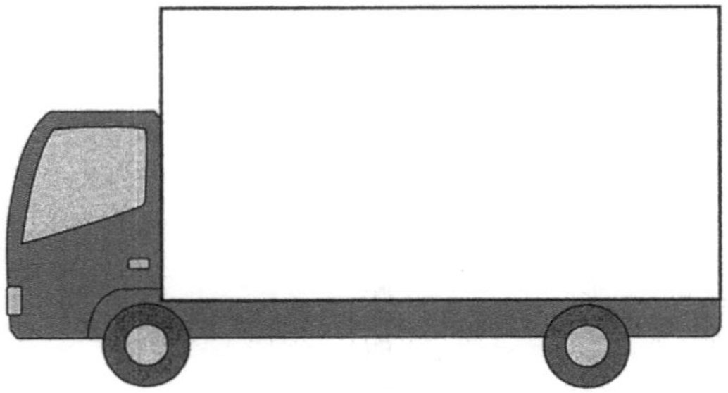

令和五年度大阪府立中学校入学者選抜適性検査問題

（大阪府立咲くやこの花中学校に係る入学者選抜）

適性検査Ⅱ〔芸術（美術・デザイン）分野〕解答用紙①

受験番号	番

得点		

※80点満点

1

採点者記入欄			
1	/40		

令和五年度大阪府立中学校入学者選抜適性検査問題
（大阪府立咲くやこの花中学校に係る入学者選抜）

適性検査Ⅱ〔芸術（美術・デザイン）分野〕解答用紙②

受験番号	番

2

	採点者記入欄		
2	／40		

解答用紙②

解答用紙①

(3) 5年生の児童と6年生の児童あわせて155人に，**図1**のような，「次の果物のうち好きなものをすべて選んでください。」というアンケートをとったところ，アンケートに回答した児童155人のうち，バナナを選んだ児童は128人で，みかんを選んだ児童は81人でした。バナナを選んだ児童128人のうち，みかんを選ばなかった児童は，最も少なくて何人ですか。求めなさい。

図1

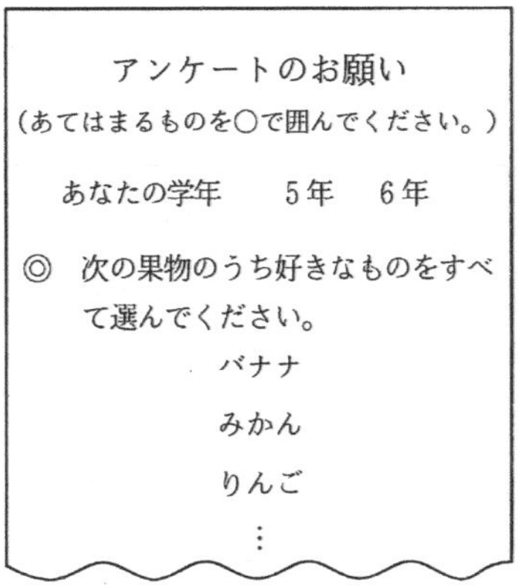
アンケートのお願い
（あてはまるものを○で囲んでください。）

あなたの学年　　5年　6年

◎ 次の果物のうち好きなものをすべて選んでください。

バナナ

みかん

りんご

⋮

(4) **図2**の四角形ABCDは，辺ADと辺BCが平行な台形で，辺ADの長さは3cm，辺BCの長さは5cmです。また，点Eは辺AD上の点で，点Fは辺BC上の点です。辺AEの長さが1cmで，四角形ABFEと四角形EFCDの面積の比が5:7のとき，辺BFの長さを求めなさい。

図2

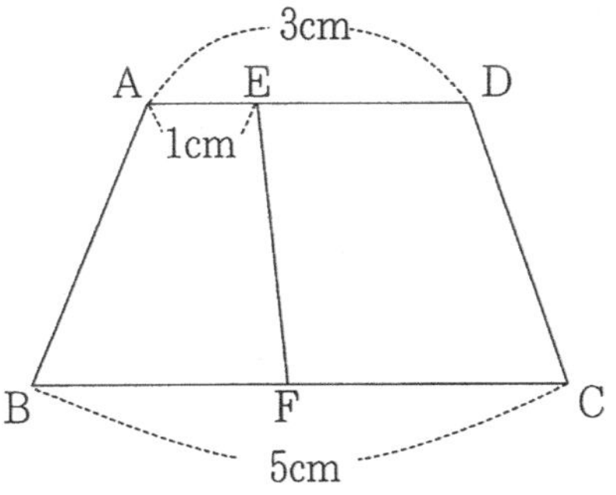

B　面

2　整数が一つかかれたカードが何枚かあります。カードにかかれた整数はすべて異なります。これらのカードを４枚以上横一列に並べ，次の**並べかえ**をします。

並べかえ

◇1　左端《はし》から１枚目と左端から２枚目で，カードにかかれた整数の大きさを比べる。左側のカードにかかれた整数のほうが大きいときは，２枚のカードの位置を入れかえる。右側のカードにかかれた整数のほうが大きいときは，入れかえない。
　入れかえたかどうかにかかわらず，◇2を行う。

◇2　左端から２枚目と左端から３枚目，左端から３枚目と左端から４枚目，…と，右に向かって順に，となり合う２枚のカードの組で，カードにかかれた整数の大きさを比べ，左側のカードにかかれた整数のほうが大きい組があった時点で，その２枚のカードの位置を入れかえて◇1に戻《もど》る。

終了《しゅうりょう》の条件　カードにかかれた整数が左から小さい順になったら，**並べかえ**を終了する。

例えば，**図１**のように，[5] [1] [7] [4] [9] とカードを並べ，**並べかえ**をすると，**並べかえ**をはじめてから終了するまでに，カードの位置の入れかえを３回行い，**並べかえ**を終了したときの５枚のカードの順番は [1] [4] [5] [7] [9] になります。

図１

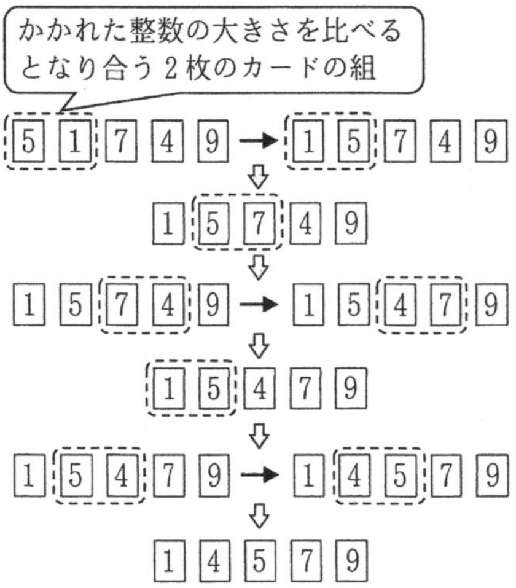

5 > 1 なので，[5] と [1] の位置を入れかえる。

5 < 7 なので，入れかえない。

7 > 4 なので，[7] と [4] の位置を入れかえて◇1に戻る。

1 < 5 なので，入れかえない。

5 > 4 なので，[5] と [4] の位置を入れかえて◇1に戻る。

カードにかかれた整数が左から小さい順になったので，**並べかえ**を終了する。

(1)，(2)の問いに答えなさい。

C 面

ゆうさんは，バイケイソウと同様にタカサゴユリとマーガレットとホウセンカについても，下の方についている ある葉を[0]として，[0]から上に向かって順に[1]，[2]，[3]，…と葉に番号をつけました。そして，「最初に重なる葉」の番号と，[0]の葉から「最初に重なる葉」までに，何枚の葉で茎の周りを何周しているかと，それぞれの植物における「開度」を調べました。**表１**は，その結果を途中《とちゅう》までまとめたものです。

表１

	「最初に重なる葉」の番号	[0]の葉から「最初に重なる葉」までに，何枚の葉で茎の周りを何周しているか	「開度」
バイケイソウ	[3]	3枚の葉で1周	120度
タカサゴユリ	[13]	13枚の葉で5周	（　あ　）度
マーガレット	[い]	（　い　）枚の葉で（　う　）周	144度
ホウセンカ	[8]	8枚の葉で3周	

①～③の問いに答えなさい。ただし，同じ植物においては「開度」がすべて一定であるものとし，[0]の葉より下にある葉については考えないものとします。

① **表１**中のタカサゴユリの「開度」について，（　あ　）にあてはまる数を求めなさい。ただし，答えは小数第二位を四捨五入して小数第一位までのがい数で表すこと。

② **表１**中のマーガレットについて，（　い　），（　う　）にあてはまる１けたの整数をそれぞれ求めなさい。ただし，**表１**中の[い]と（　い　）には同じ整数が入ります。

③ **図３**は，上から見た[0]～[8]のホウセンカの葉を模式的に表したものです。**図３**中の番号がついていない葉の番号は，それぞれ[1]～[7]のどれにあたりますか。解答欄《かいとうらん》の図中の[　]に，１～７の数字を書きなさい。

なお，ホウセンカの葉は，茎を中心として，上から見て時計と反対回りに茎の下から上に向かって規則正しくついていることがわかっています。

図３

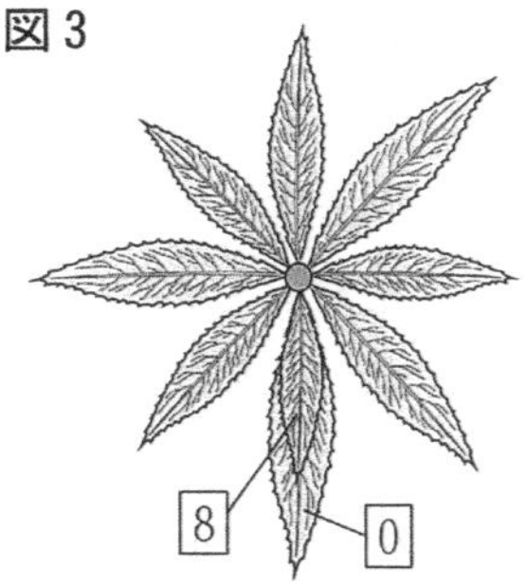

D　面

(2) ゆうさんは，植物の葉に光がよく当たると，葉に多くある「気こう」と呼ばれる小さな穴を通して，蒸散がさかんに行われることを知りました。

①，②の問いに答えなさい。

① ゆうさんは，ヒマワリの葉を1枚とり，1辺が3cmの正方形の目盛りがついた紙を使って葉のおよその面積を調べたあと，その葉の裏側の「気こう」をけんび鏡で観察しました。

図4は，1辺が3cmの正方形の目盛りがついた紙の上にヒマワリの葉を置いたときのようすを表したもので，**図5**は，同じ目盛りがついた紙の上にヒマワリの葉のおよその形を六角形ABCDEFで表したものです。

(i)，(ii)の問いに答えなさい。

図4

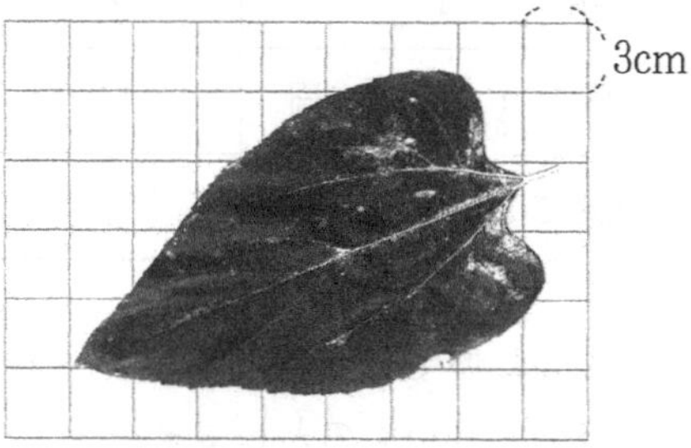

図5

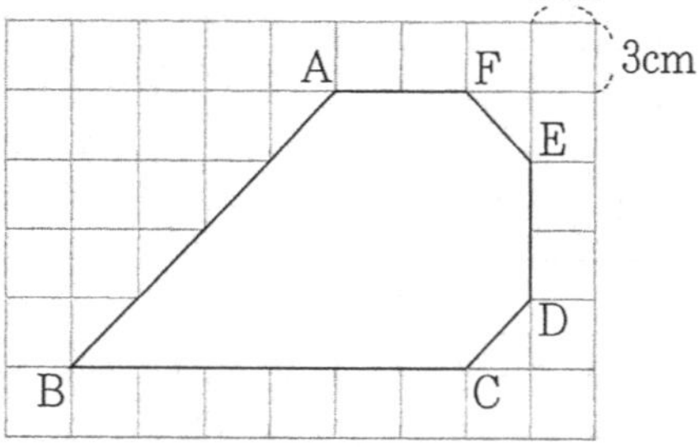

(i) **図4**で示したヒマワリの葉のおよその面積は，ヒマワリの葉の形を**図5**で示した六角形ABCDEFとみて求めることができます。六角形ABCDEFの頂点A～Fは，それぞれ目盛りとなる正方形の頂点上にあります。六角形ABCDEFの面積を求めなさい。

(ii) ゆうさんがヒマワリの葉の裏側をけんび鏡で観察したところ，**図6**のように，1辺が0.2mmの正方形の形をした範囲《はんい》の中に「気こう」が9個ありました。

観察に使った葉の裏側のどの範囲に着目しても，範囲の中にある「気こう」の数はその範囲の面積に比例するものとして考えると，観察に使った葉の裏側全体に「気こう」は何個あるといえますか。答えを求める過程がわかるように，途中《とちゅう》の式をふくめた求め方も書くこと。

ただし，観察に使ったヒマワリの葉の裏側全体の面積は，**図5**で示した六角形ABCDEFの面積と同じであるものとします。

図6

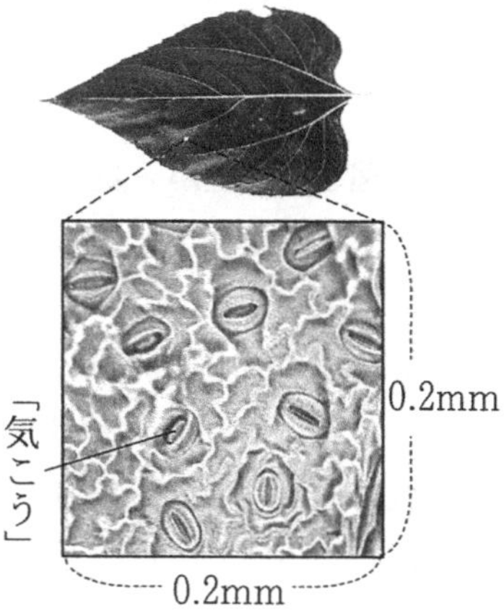

				採点者記入欄
(1)	①			/6
	②	い	う	/6
	③	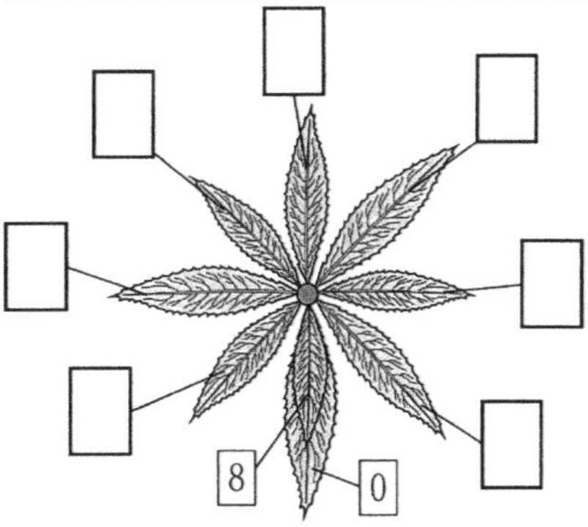		/6
(2)	①	(i)	cm^2	/6
		(ii)	（求め方） 個	/10
	②	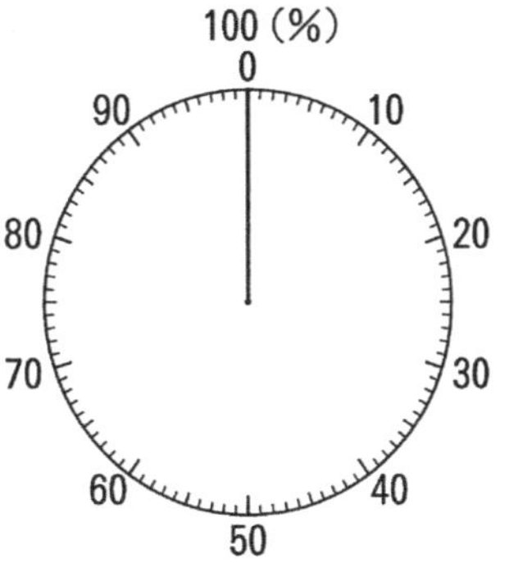		/6
				/40

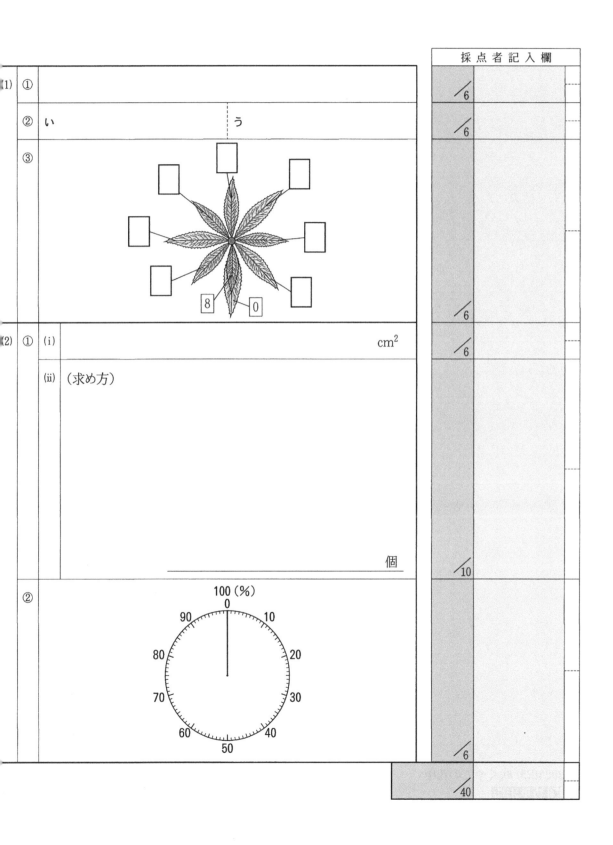

1

令 和 4 年 度

大阪府立中学校入学者選抜適性検査問題

大阪府立咲くやこの花中学校に係る入学者選抜

適 性 検 査 Ⅰ

（国語・算数的問題）

（45分）

注　　意

1　「開始」の合図があるまで開いてはいけません。

2　答えは，すべて**解答用紙**に書きなさい。
ただし，問題１は**解答用紙①**に，問題２は**解答用紙②**に書きなさい。

- 答えとして記号を選ぶ問題は，右の【解答例】にならい，すべて**解答用紙の記号**を○で囲みなさい。また，答えを訂正《ていせい》するときは，もとの○をきれいに消しなさい。

- 答えの字数が指定されている問題は，、。「 」なども一字に数えます。

【解答例】
ア
イ
㋒
エ

解答用紙の**採点者《さいてんしゃ》記入欄《きにゅうらん》**には，何も書いてはいけません。

3　問題は，中の用紙のＡ面に**１**，Ｂ・Ｃ面に**２**があります。

4　「開始」の合図で，まず，**解答用紙①**と**解答用紙②**に**受験番号**を書きなさい。

5　「終了《しゅうりょう》」の合図で，すぐ鉛筆《えんぴつ》を置きなさい。

受験番号	番

令和４年度大阪府立中学校入学者選抜適性検査問題
（大阪府立咲くやこの花中学校に係る入学者選抜・大阪府立水都国際中学校に係る入学者選抜）

適性検査Ⅰ（国語・算数的問題）解答用紙②

				採点者記入
2	(1)		cm^2	／3
	(2)	□		／2
		△		／2
	(3)	①	個	／3
		②	縦　　　枚，横　　　枚	／3
		③	cm	／4
	(4)	①	cm	／4
		②	分　　　秒後	／4
				／25

受験番号	番

得点	

※50点満点

令和四年度大阪府立中学校入学者選抜適性検査問題

（大阪府立咲くやこの花中学校に係る入学者選抜・大阪府立水都国際中学校に係る入学者選抜）

適性検査Ⅰ（国語・算数的問題）解答用紙①

1

(1) a	(1) b	(1) c	(2) A	(2) B	(3)	(4)	
ア イ ウ	ア イ ウ	ア イ ウ	ア イ ウ エ	ア イ ウ エ	ア イ ウ エ	4	
／2	／2	／2	／3	／3	／3	／4	／6

採点者記入欄

(4)　**図5**のように，「飾《かざ》り」を作って，「作品」のまわりを飾りつけすることにしました。あとの①，②の問いに答えなさい。

図5

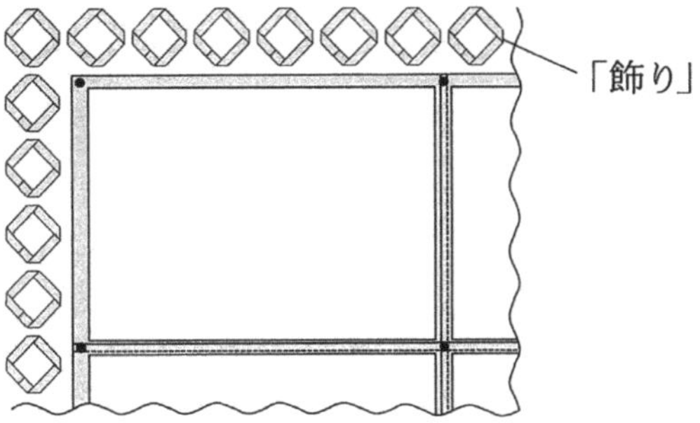

①　「飾り」は，幅《はば》が 2 cm でまっすぐな紙のテープを，**図6**のように紙のテープが重なる部分（**図6**の  ）が直角三角形となるように折ることを，合計 4 回行い，端《はし》と端を 1 cm 重ねて貼りつけて作ります。「飾り」の外側の形は，**図7**のように，四つの辺の長さが 7 cm の八角形になっています。「飾り」を 1 個作るのに必要な紙のテープの長さを求めなさい。

図6

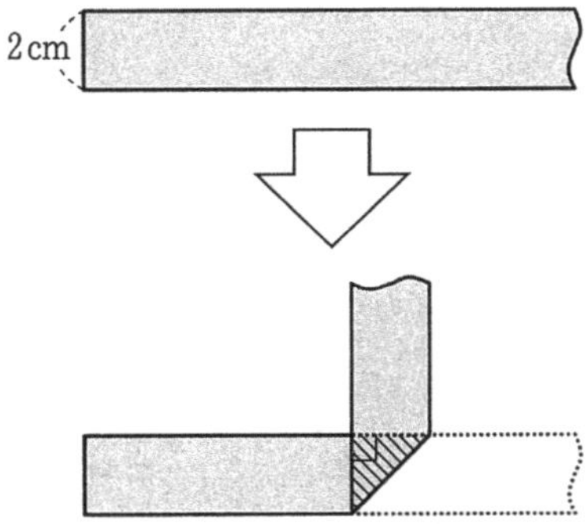

図7

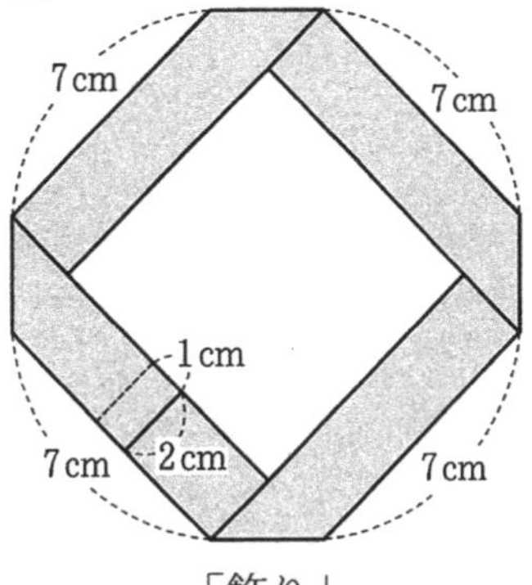

「飾り」

(3)　**図 4** のように，36 人分の「作品」を，色画用紙の一部を重ねながらすき間なくしきつめ，画びょうを使ってつなげて掲示することにしました。「作品」の四すみに画びょうを 1 個ずつ使い，「作品」の重なる部分には，画びょうは 1 個だけ使います。すべての「作品」は縦の辺どうしと横の辺どうしをそれぞれ平行にし，色画用紙を重ねる部分の長さ（**図 4** の☆cm）をすべて同じにします。あとの①～③の問いに答えなさい。

図 4

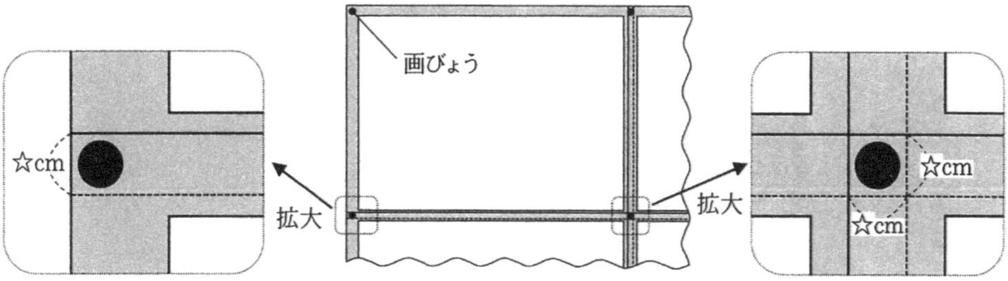

①　36 人分の「作品」を，縦 4 枚，横 9 枚の大きな長方形となるように掲示するとき，必要な画びょうの個数は何個ですか。求めなさい。

②　36 人分の「作品」を，大きな長方形となるように掲示するとき，必要な画びょうの個数がもっとも少なくなるのは，縦何枚，横何枚のときですか。求めなさい。

③　36 人分の「作品」を，縦 4 枚，横 9 枚の大きな長方形となるように掲示します。できた大きな長方形の縦の長さが 164.4 cm になるとき，横の長さは何 cm ですか。求めなさい。

A 面

(1) 本文中の〰〰線部a～cに当てはまる漢字が——線部に当てはまるものを、次の**ア**～**ウ**からそれぞれ一つずつ選び、記号を〇で囲みなさい。

a
ア キ節外れの雪が降る。
イ キ則正しい生活を送る。
ウ ピアノをならうキ会があった。

b
ア 金属をユ入する。
イ ユ性のペンを使う。
ウ 京都《きょうと》を経ユして大阪《おおさか》へ行く。

c
ア ホウ律を定める。
イ 結果をホウ告する。
ウ 資源がホウ富にある。

(2) 本文中の A 、 B に入る言葉として最も適しているものを、次の**ア**～**エ**からそれぞれ一つずつ選び、記号を〇で囲みなさい。

A **ア** なぜなら **イ** だから **ウ** たとえば **エ** しかし
B **ア** もし **イ** また **ウ** さて **エ** すると

(3) 本文中の（ Ⅰ ）～（ Ⅳ ）に入る言葉の組み合わせとして最も適しているものを、次の**ア**～**エ**から一つ選び、記号を〇で囲みなさい。

ア Ⅰ硬い Ⅱやわらかい Ⅲやわらかい Ⅳ硬い
イ Ⅰやわらかい Ⅱ硬い Ⅲやわらかい Ⅳ硬い
ウ Ⅰ硬い Ⅱやわらかい Ⅲ硬い Ⅳやわらかい
エ Ⅰやわらかい Ⅱやわらかい Ⅲ硬い Ⅳ硬い

(4) 本文中に——線部①とありますが、オオバコの種子が持つ粘着物質の本来のはたらきとはどのようなものであると考えられていますか。その内容が書かれている一文を本文中からぬき出し、**はじめの四字**を書きなさい。

(5) 本文中で筆者は、オオバコにとって逆境とは何であり、逆境をプラスに変えるとはオオバコにとって具体的にどのようなことであると述べていますか。本文中の言葉を使って**五十字以上、八十字以内**で書きなさい。

2

令和４年度

大阪府立中学校入学者選抜作文

（大阪府立咲くやこの花中学校に係る入学者選抜）

作　　文

（自己表現）

（15分）

注　　意

1　「開始」の合図があるまで開いてはいけません。

2　答えは，すべて**解答用紙**に書きなさい。

3　「開始」の合図で，まず，**解答用紙**に**受験番号**を書きなさい。

4　「終了《しゅうりょう》」の合図で，すぐ鉛筆《えんぴつ》を置きなさい。

解答用紙

3

令 和 ４ 年 度

大阪府立中学校入学者選抜適性検査問題

（大阪府立咲くやこの花中学校に係る入学者選抜）

適 性 検 査 Ⅱ

〔言語分野〕

（60分）

注　　意

1　「開始」の合図があるまで開いてはいけません。

2　答えは，すべて**解答用紙**に書きなさい。
ただし，問題 **1** は**解答用紙①**に，問題 **2** は**解答用紙②**に書きなさい。
答えの字数が指定されている問題は，、 。「 」なども一字に数えます。
解答用紙の**採点者《さいてんしゃ》記入欄《きにゅうらん》**には，何も書いてはいけません。

3　問題は，中の用紙のＡ面に **1**，Ｂ面に **2** があります。

4　「開始」の合図で，まず，**解答用紙①**と**解答用紙②**に**受験番号**を書きなさい。

5　「終了《しゅうりょう》」の合図で，すぐ鉛筆《えんぴつ》を置きなさい。

解答用紙②

22 21 20 19 18 17 16 15 14 13 12 11

解答用紙①

22 21 20 19 18 17 16 15 14 13 12 11

【資料②】

令和２年度　青少年のインターネット利用環境実態調査　調査結果

［質問］　（インターネットを利用していると回答した方に）
あなたはインターネットを使って何をしていますか。あてはまるものをすべて選んでください。

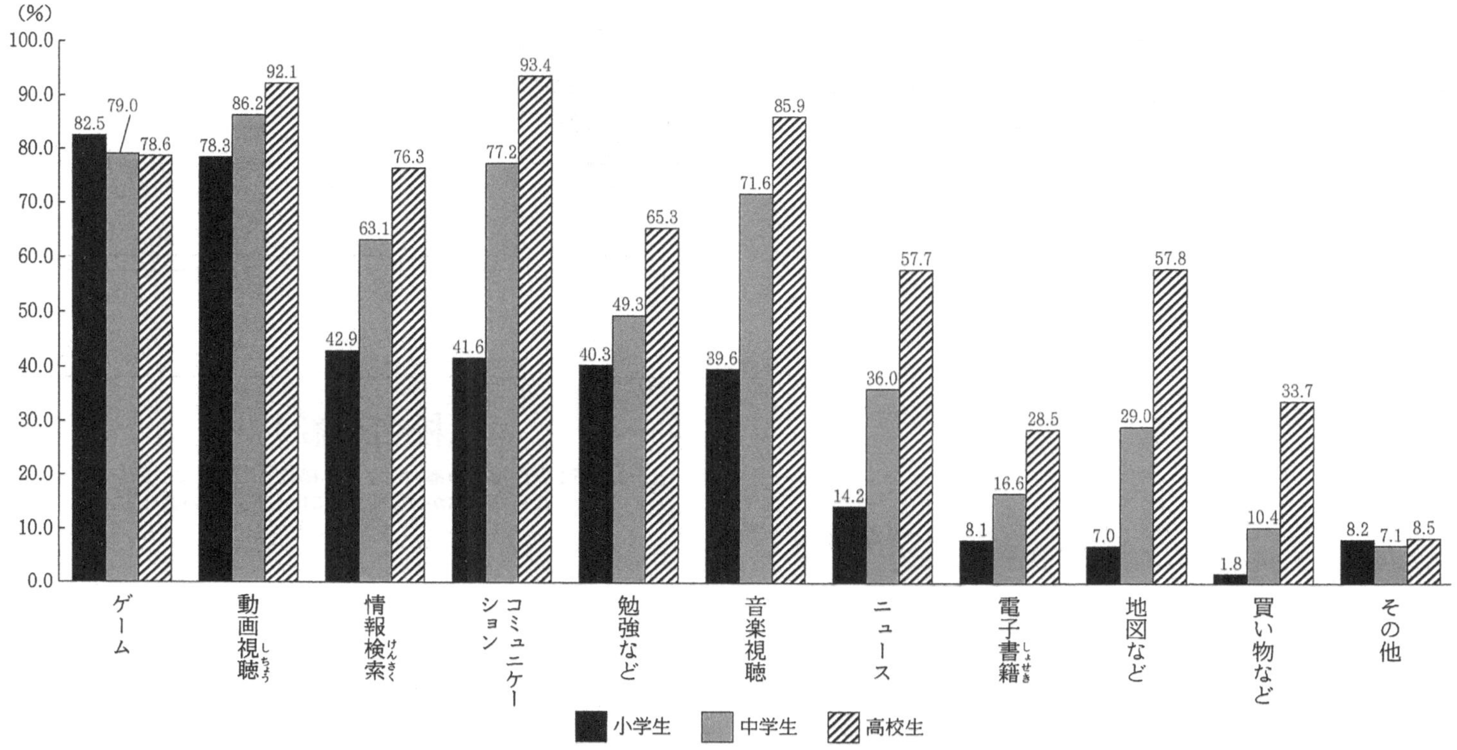

（内閣府の資料により作成）

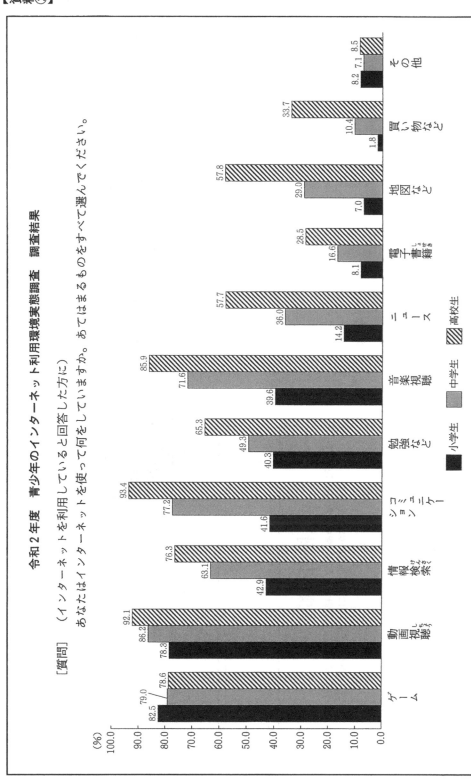

【絵の候補】

㋐

（虹とハトの絵）

お詫び：著作権上の都合により，掲載しておりません。
ご不便をおかけし， 誠に申し訳ございません。

㋑

（校舎の絵）

お詫び：著作権上の都合により，掲載しておりません。
ご不便をおかけし， 誠に申し訳ございません。

㋒

（人が手をつないでいる絵）

お詫び：著作権上の都合により，掲載しておりません。
ご不便をおかけし， 誠に申し訳ございません。

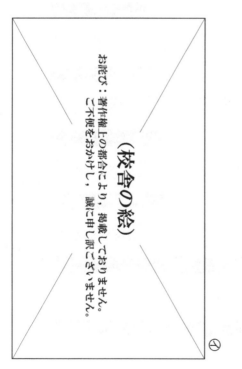

3

令 和 4 年 度

大阪府立中学校入学者選抜適性検査問題

（大阪府立咲くやこの花中学校に係る入学者選抜）

適 性 検 査 Ⅱ

〔ものづくり（理工）分野〕

(60分)

注　　意

1　「開始」の合図があるまで開いてはいけません。

2　答えは，すべて**解答用紙**に書きなさい。

答えとして記号を選ぶ問題は，下の【解答例】にならい，すべて**解答用紙の記号**を○で囲みなさい。また，答えを訂正《ていせい》するときは，もとの○をきれいに消しなさい。

【解答例】

ア	イ	㋒	エ

解答用紙の**採点者《さいてんしゃ》記入欄《きにゅうらん》**には，何も書いてはいけません。

3　問題は，中の用紙のA・B面に**1**，C・D面に**2**があります。

4　「開始」の合図で，まず，**解答用紙**に**受験番号**を書きなさい。

5　「終了《しゅうりょう》」の合図で，すぐ鉛筆《えんぴつ》を置きなさい。

受験番号	番

得点	

※80点満点

令和４年度大阪府立中学校入学者選抜適性検査問題

適性検査Ⅱ〔ものづくり（理工）分野〕解答用紙

					採点者記入欄
1	(1)	①		秒後から　　　秒後まで	/5
		②		秒後から　　　秒後まで	/5
	(2)	①	(i)	秒	/6
			(ii)	個	/6
			(iii)		/6
		②	(i)	ウ　　　エ	/6
			(ii)	秒	/6
					/40

(4)　**図7**は，縦 30 cm，横 30 cm，高さ 10 cm の直方体です。この直方体は水に浮く物体で，直方体の上の底面を面アとします。この直方体を 2 個用意し，それぞれ直方体 G と直方体 H とします。**図8**は，直方体 G と直方体 H が，それぞれの面アにおもりが何 g かのった状態で水に浮いているようすを表しています。また，**図8**において，直方体 G と直方体 H それぞれの面アは水面と平行です。直方体 G，直方体 H のそれぞれについて，面アに垂直な辺の水面より上にある部分の長さを「水面より上の高さ」とすると，**図8**において，直方体 G の方が直方体 H よりも「水面より上の高さ」が 1.2 cm 高くなっています。次の①，②の問いに答えなさい。

図7

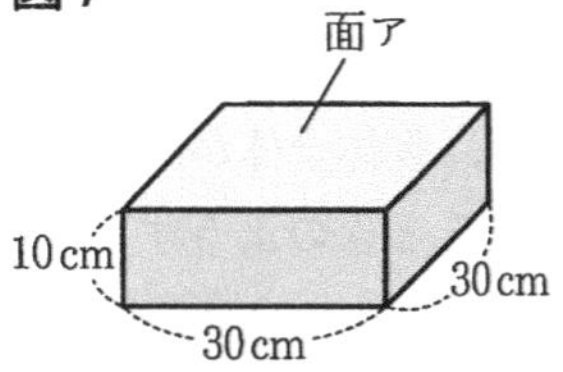

図8

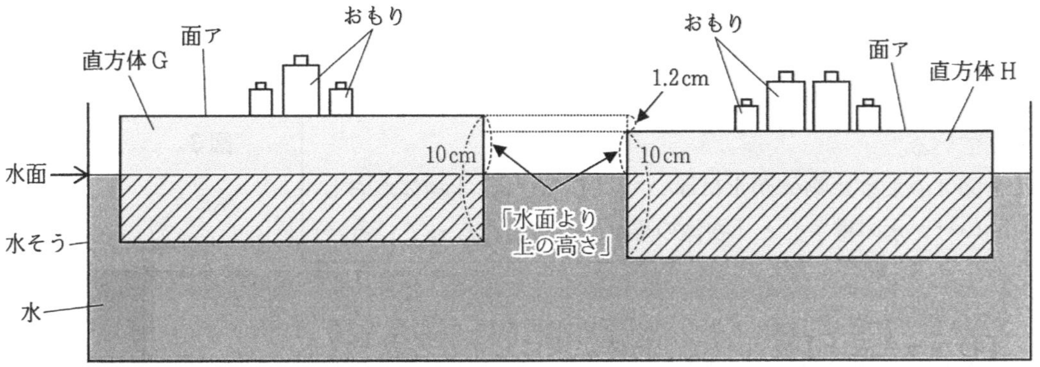

①　**図8**の状態のとき，直方体 H にのっているおもりの重さと直方体 G にのっているおもりの重さとの差は何 g ですか。求めなさい。

②　**図8**の状態から，直方体 G にのっているおもりのうち 630 g を直方体 H に移すと，直方体 G の「水面より上の高さ」と直方体 H の「水面より上の高さ」の比は 2：1 になりました。このとき，直方体 G の「水面より上の高さ」は何 cm ですか。求めなさい。

ただし，おもりを移す前も後も，直方体 G の面アと直方体 H の面アは水面と平行であるものとします。

C　面

2　**図1**のように，物体（もの）には水に入れるとしずむものと浮《う》くものがあります。**図2**は物体が水にしずんでいるときのようすで，物体全体が水面より下にあります。**図3**は物体が水に浮いているときのようすで，物体の一部が水面より下にあります。**図2**と**図3**中のは，物体の水面より下にある部分を表しており，の体積の分だけ物体は水をおしのけています。水 1 cm^3 の重さが 1 g であることを用いると，の体積から「物体がおしのけた水の重さ」を求めることができます。

図1

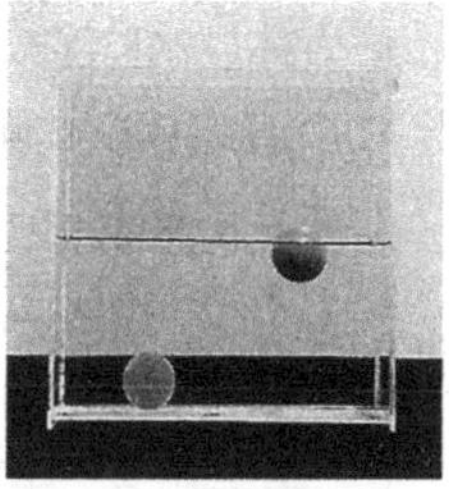

図2

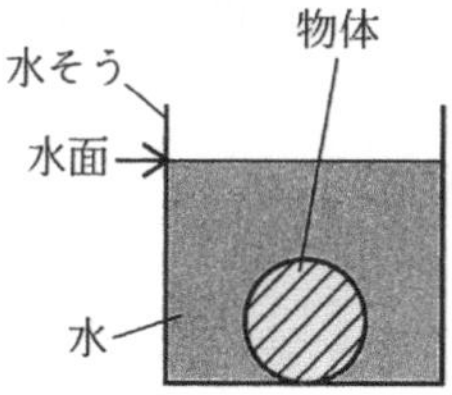

図3

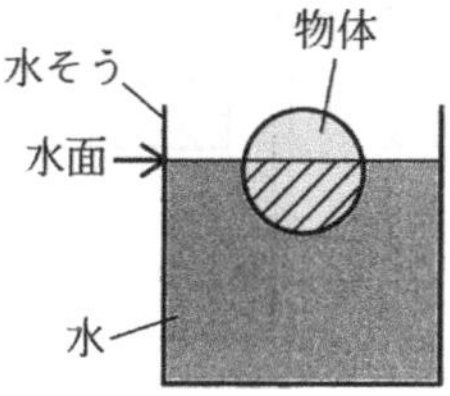

「物体がおしのけた水の重さ」と「物体の重さ」の関係について調べたところ，次のことがわかりました。

【わかったこと】

- **図2**のように物体が水にしずんでいるときは，「物体がおしのけた水の重さ」より「物体の重さ」の方が重くなっている。
- **図3**のように物体が水に浮いているときは，「物体がおしのけた水の重さ」と「物体の重さ」が等しくなっている。

【わかったこと】を用いて，物体が水にしずむときと浮くときについて次の例を考えました。

【例】

［しずむ例］

体積 1000 cm^3，重さが 1200 g の物体 A は水にしずみます。

物体 A 全体が水面より下にあるとすると，物体 A は 1000 cm^3 の水をおしのけます。水 1 cm^3 の重さは 1 g であるので，物体 A がおしのけた水の重さは 1000 g であるとわかります。これと物体 A の重さ 1200 g を比べると，物体 A の重さの方が重いので，物体 A は水にしずむことがわかります。

［浮く例］

体積 1000 cm^3，重さが 700 g の物体 B は水に浮きます。

物体 B 全体が水面より下にあるとすると，物体 B は 1000 cm^3 の水をおしのけます。物体 B がおしのけた水の重さは 1000 g であり，これよりも物体 B の重さ 700 g の方が軽いので，物体 B は水に浮くことがわかります。

物体 B が水に浮いているとき，「物体がおしのけた水の重さ」と「物体の重さ」は等しいので，物体 B の水面より下にある部分の体積は 700 cm^3 だとわかります。

(ii)　ライトＡのスイッチを入れて3.5秒後にライトＢのスイッチを入れた場合，ライトＡのスイッチを入れてからの５分間のうち，ライトＡ～Ｃのすべてが点灯状態である時間は合計で何秒ですか。求めなさい。

適性検査Ⅱ〔ものづくり（理工）分野〕（大阪府立咲くやこの花中学校に係る入学者選抜）

1　ライトＡとライトＢの２種類のライトを用意しました。ライトＡとライトＢは，スイッチを入れるとすぐに点灯状態になります。そのあと，ライトＡは，１秒間の点灯状態と２秒間の消灯状態とをくり返し，ライトＢは，２秒間の点灯状態と３秒間の消灯状態とをくり返します。次の(1)，(2)の問いに答えなさい。

(1)　ライトＡ，Ｂのスイッチを同時に入れました。**図１**は，スイッチを入れてからの時間と，そのときのライトＡ，Ｂそれぞれの状態を表したものです。

図１

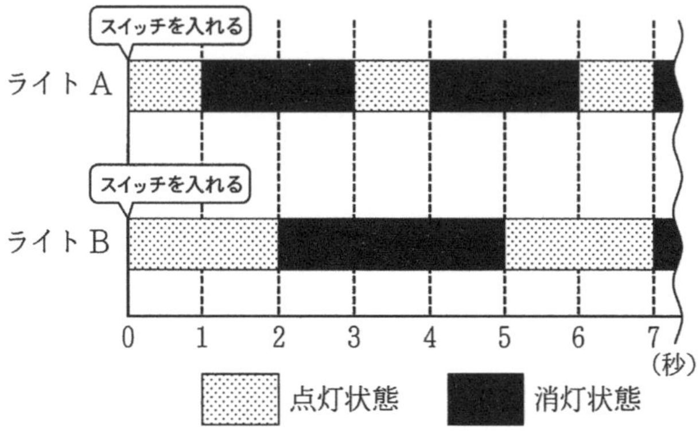

図１からもわかるように，スイッチを入れてから１秒後までは，ライトＡ，Ｂがともに点灯状態です。これを，ライトＡ，Ｂが１秒間ともに点灯状態であることの１回目として数えます。次の①，②の問いに答えなさい。

①　ライトＡ，Ｂが１秒間ともに点灯状態であることの３回目は，スイッチを入れて何秒後から何秒後までですか。求めなさい。

②　ライトＡ，Ｂが１秒間ともに点灯状態であることの６回目は，スイッチを入れて何秒後から何秒後までですか。求めなさい。

3

令 和 4 年 度

大阪府立中学校入学者選抜適性検査問題

（大阪府立咲くやこの花中学校に係る入学者選抜）

適 性 検 査 Ⅱ

〔芸術（美術・デザイン）分野〕

（60分）

注　　意

1　「開始」の合図があるまで開いてはいけません。

2　答えは，すべて**解答用紙**にかきなさい。
ただし，問題 1 は**解答用紙①**に，問題 2 は**解答用紙②**にかきなさい。
解答用紙の**採点者**《さいてんしゃ》**記入欄**《きにゅうらん》には，何も書いてはいけません。

3　「開始」の合図で，まず，**解答用紙①**と**解答用紙②**に**受験番号**を書きなさい。

4　「終了《しゅうりょう》」の合図で，すぐ色鉛筆《えんぴつ》を置きなさい。

適性検査Ⅱ〔芸術（美術・デザイン）分野〕（大阪府立咲くやこの花中学校に係る入学者選抜）

1　今日は、あなたのグループが教室のそうじ当番です。あなたを入れて、みんなで協力してそうじをしている様子を、**解答用紙①**に色鉛筆でかきなさい。

※　**解答用紙①**は、縦長に使っても横長に使ってもどちらでもかまいません。

2　あなたは、「ほっとスープ」という＊レトルト食品の外箱のデザインを考えることになりました。**図**は「ほっとスープ」の外箱です。

次の**条件1・2**に従って、体がぽかぽかと温まりそうなデザインを、**解答用紙②**に色鉛筆でかきなさい。

＊レトルト食品 ＝ アルミニウムやプラスチックなどのふくろに入れた調理済みの食品。ふくろごと温めて、すぐに食べられる。

条件1　「ほっとスープ」の文字を入れること。

条件2　図の □ で示した面のデザインをかくこと。

図

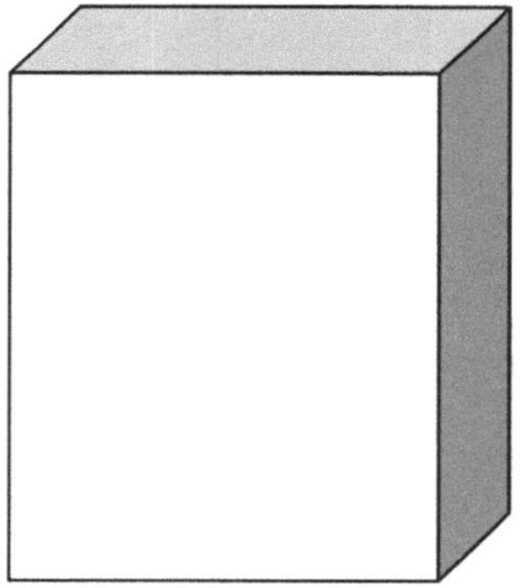

令和四年度大阪府立中学校入学者選抜適性検査問題
（大阪府立咲くやこの花中学校に係る入学者選抜）

適性検査Ⅱ〔芸術（美術・デザイン）分野〕解答用紙①

受験番号	番

得点		

※80点満点

1

	採点者記入欄		
1	/40		

令和四年度大阪府立中学校入学者選抜適性検査問題
（大阪府立咲くやこの花中学校に係る入学者選抜）
適性検査Ⅱ〔芸術（美術・デザイン）分野〕解答用紙②

2

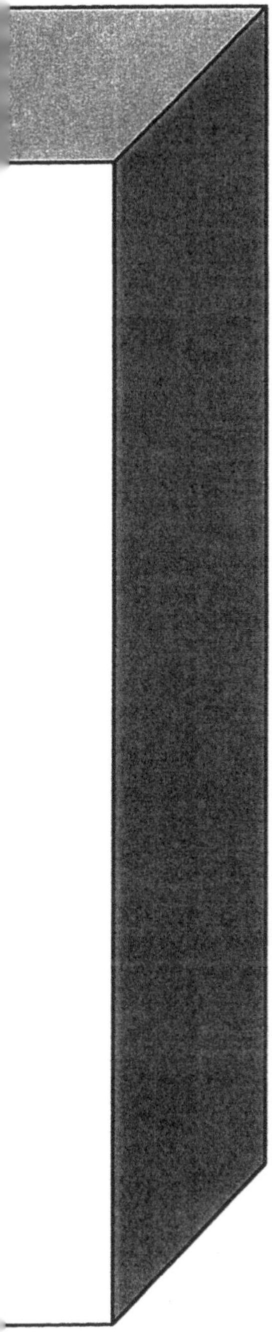

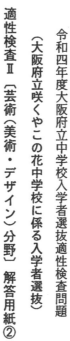

2	採点者記入欄		
	/40		

受験番号	番

解答用紙②

解答用紙①

(2)　ライトA，Bのほかに，ライトCを用意しました。ライトCにスイッチはなく，ライトAとライトBの両方またはどちらか一方が点灯状態のときに，ライトCは点灯状態になり，ライトAとライトBの両方が消灯状態のときに，ライトCは消灯状態になります。次の①，②の問いに答えなさい。

①　ライトA，Bのスイッチを同時に入れました。**図2**は，ライトA，Bのスイッチを入れてからの時間と，そのときのライトA～Cそれぞれの状態を表したものです。あとの(i)～(iii)の問いに答えなさい。

図2

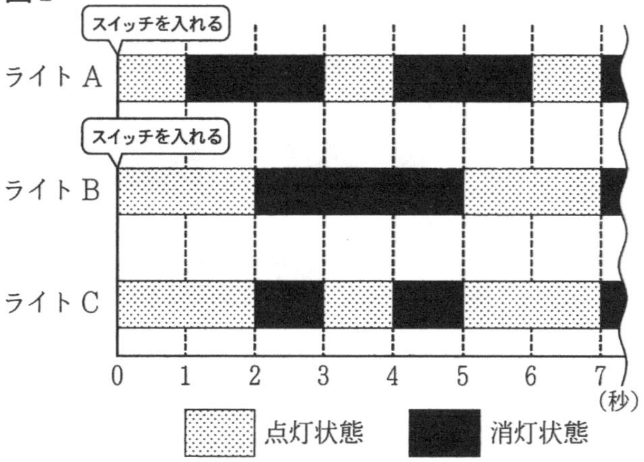

(i)　ライトA，Bのスイッチを入れてからの5分間のうち，ライトCが点灯状態である時間は合計で何秒ですか。求めなさい。

(ii)　次の文は，ライトCについて述べたものです。あとの**問い**に答えなさい。

> ライトA，Bのスイッチを入れて［ ア ］秒後からの5秒間のライトCの状態を図で表すと，**図3**になる。
>
> **図3**
>
> 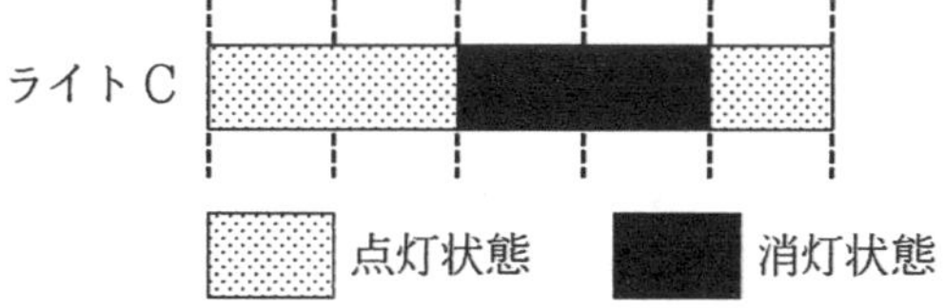
>

問い　［ ア ］にあてはまる1以上100以下の整数は何個あるかを求めなさい。

(iii)　次の文中の［ イ ］にあてはまる数を求めなさい。

> ライトA，Bのスイッチを入れてからの［ イ ］秒間のうち，ライトA～Cのうち二つが点灯状態で一つが消灯状態である時間は，合計で40秒です。

B　面

②　ライトA，Bのスイッチを同時には入れずに，ライトAのスイッチを入れて何秒かたったあとライトBのスイッチを入れます。ライトBはスイッチを入れる前は消灯状態です。

例えば，ライトAのスイッチを入れて0.5秒後にライトBのスイッチを入れた場合，ライトAのスイッチを入れてからの時間と，そのときのライトA～Cそれぞれの状態は，**図4**のようになります。

あとの(i)，(ii)の問いに答えなさい。

図4

ライトAのスイッチを入れて0.5秒後にライトBのスイッチを入れた場合

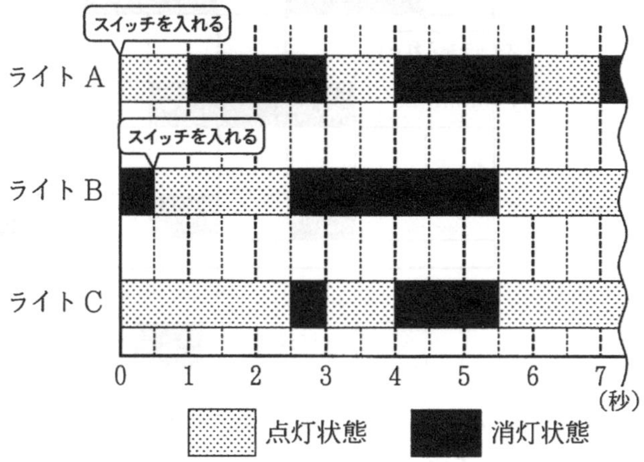

(i)　次の文は，ライトAのスイッチを入れてからの5秒間のうちのライトCが点灯状態である時間の合計について述べたものです。あとの**問い**に答えなさい。

> ライトAのスイッチを入れてからの5秒間のうちのライトCが点灯状態である時間を合計で3秒にするには，ライトAのスイッチを入れて［ウ］秒後から［エ］秒後までの間にライトBのスイッチを入れればよい。

問い　［ウ］にあてはまる数のうち最も小さい数と，［エ］にあてはまる数のうち最も大きい数を求めなさい。

C 面

次の(1)～(4)の問いに答えなさい。

ただし，(1)～(4)の問いで使う水そうの深さ，水の量は物体が水にしずむのに十分あり，物体が水にしずんでいるときは，物体全体が水面より下にあるものとします。また，「物体がおしのけた水の重さ」よりも「物体の重さ」の方が重いとき以外にしずむことはないものとします。

(1) **図4**は，底面の半径が2.5 cm，高さが8 cmの円柱Cです。次の①，②の問いに答えなさい。

図4

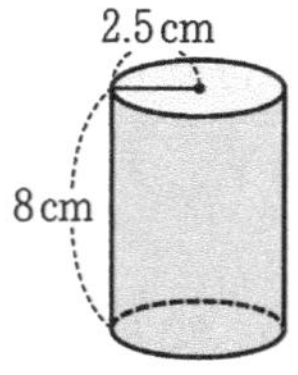

① 円柱Cの体積を求めなさい。ただし，円周率は3.14とします。

② 円柱Cは水に浮く物体です。円柱Cが水に浮いているとき，円柱Cの水面より下にある部分の体積は112 cm^3でした。円柱Cの重さを求めなさい。

(2) **図5**は，縦10 cm，横8 cm，高さ6 cm，重さが325 gの直方体Dです。直方体Dは，水にしずむと考えられますか，浮くと考えられますか。次の**ア**，**イ**のうち，適しているものを一つ選び，記号を○で囲みなさい。また，あなたがそのように考えた理由を，**【例】**中の言葉を使って説明しなさい。

図5

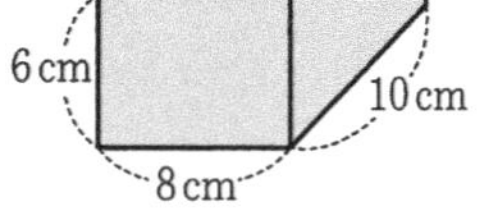

ア しずむ　　　**イ** 浮く

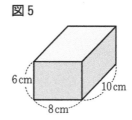

D　面

(3)　体積 500 cm^3，重さが 700 g の物体Eと，体積 350 cm^3，重さが 620 g の物体Fがあります。また，**図6**は，1辺が 50 cm の立方体の水そうの中に水が入っているようすを表しており，このときの水面の高さは 30 cm です。**図6**の状態の水そうに物体Eと物体Fを入れると，水面の高さが増えました。次の①，②の問いに答えなさい。

ただし，水そうは水平に置かれており，物体がおしのけた水の体積の分だけ水面の高さが増えるものとします。また，水そうの厚みは考えないものとします。

図6

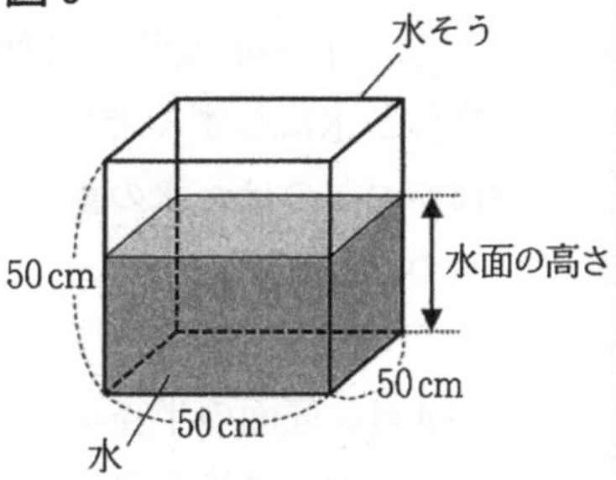

①　**図6**の状態の水そうに物体Eを1個入れると，物体Eは水にしずみました。このとき，水面の高さは何 cm 増えましたか。求めなさい。

②　物体Eと物体Fをそれぞれ何個か用意します。**図6**の状態の水そうに物体Eと物体Fを合わせて 25 個入れると，すべて水にしずみ，水面の高さは 4.4 cm 増えました。このとき，物体Eと物体Fをそれぞれ何個ずつ水そうに入れましたか。求めなさい。

				採点者記入欄
1)	①	cm^3		/5
	②	g		/5
2)	(記号) ア イ (説明)			/6
3)	①	cm		/6
	②	物体 E 個	物体 F 個	/6
4)	①	g		/6
	②	cm		/6
				/40

A　面

適性検査Ⅱ〔言語分野〕（大阪府立咲くやこの花中学校に係る入学者選抜）

1　あなたのクラスでは、それぞれの児童が小学校の六年間の思い出や経験、学んだことなどを文章に書き、書いたものをクラスの卒業文集としてまとめることになりました。

そこであなたのクラスの児童たちは、**【卒業文集の表紙】**のⒶの部分にのせる絵を、**【絵の候補】**中の㋐〜㋒から一つ選ぶことにしました。あなたなら、どの絵を選びますか。**【絵の候補】**中の㋐〜㋒から一つ選び、記号を書きなさい。また、その絵を選んだ理由を、次の**条件1・2**に従って書きなさい。

条件1　あなたが選んだ絵と卒業を前にしたあなたの思いとを関連づけて具体的に書くこと。

条件2　**解答用紙**①の19行から22行で終わるように書くこと。

【卒業文集の表紙】

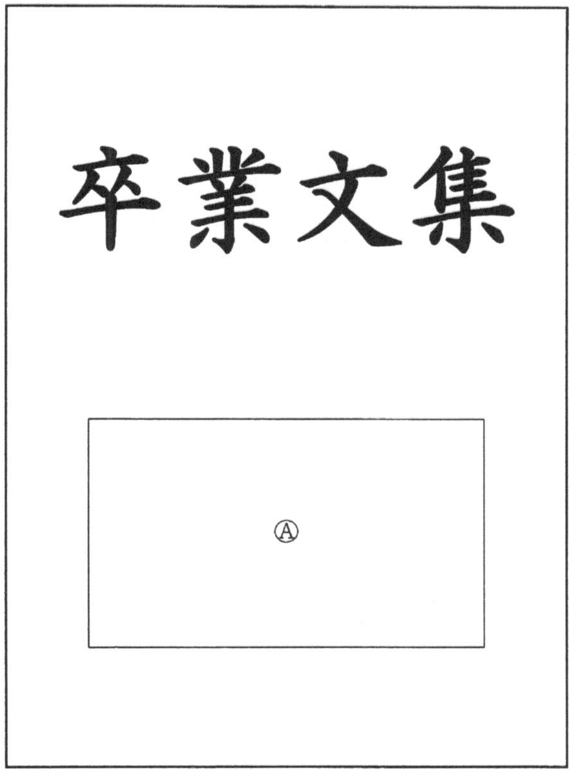

B　面

2　**【資料①】**、**【資料②】**は、「令和2年度　青少年のインターネット利用環境《かんきょう》実態調査　調査結果」の一部です。あなたがこれからどのようにインターネットと付き合っていこうと考えるかを、次の**条件1・2**に従って書きなさい。

条件1　**【資料①】**と**【資料②】**のそれぞれからわかったことや考えたことにふれて書くこと。ただし、どの資料のどの部分にふれているかがわかるように書くこと。

条件2　**解答用紙②**の19行から22行で終わるように書くこと。

※　資料の数字や記号を使う場合は、次のように書いてもよい。

（例）

24
・
3
%

【資料①】

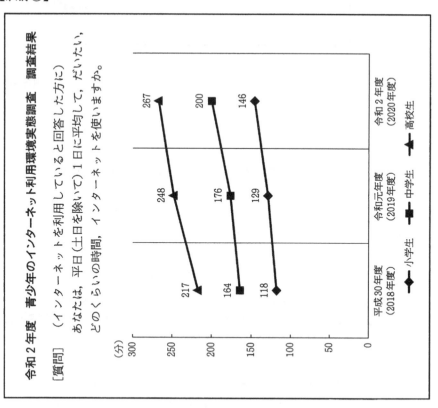

令和２年度　青少年のインターネット利用環境実態調査　調査結果

［質問］　（インターネットを利用していると回答した方に）
あなたは，平日（土日を除いて）１日に平均して，だいたい，どのくらいの時間，インターネットを使いますか。

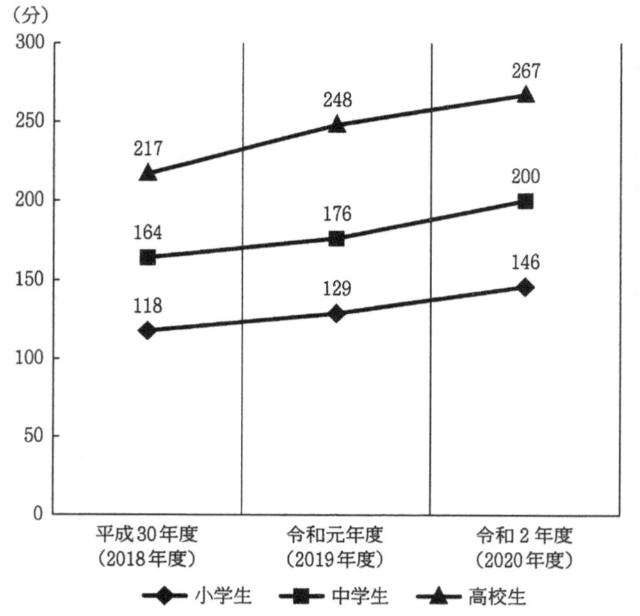

（内閣府の資料により作成）

令和四年度大阪府立中学校入学者選抜適性検査問題
（大阪府立咲くやこの花中学校に係る入学者選抜）
適性検査Ⅱ〔言語分野〕解答用紙①

受験番号	番

得点	

※80点満点

1

【絵の候補】

1
2
3
4
5
6
7

1	採点者記入欄
/40	

令和四年度大阪府立中学校入学者選抜適性検査問題
（大阪府立咲くやこの花中学校に係る入学者選抜）

適性検査Ⅱ〔言語分野〕解答用紙②

受験番号	番

2

1 2 3 4 5 6 7

2	採点者記入欄
	/40

受験番号	番

作文（自己表現）（大阪府立咲くやこの花中学校に係る入学者選抜）

問い

あなたが本校に入学を希望する理由は何ですか。また、あなたが入学後にがんばりたいことは何ですか。次の**指示**に従って書きなさい。

指示

- **解答用紙**の13行から17行で終わるように書きなさい。
- 題名や名前は書かないで、本文から書き始めなさい。
- 書き始めは一字下げなさい。

得点	

※20点満点

適性検査Ⅰ（国語・算数的問題）（大阪府立咲くやこの花中学校に係る入学者選抜・大阪府立水都国際中学校に係る入学者選抜）

1 次の文章を読んで、あとの問いに答えなさい。

　雑草というと、踏《ふ》まれて生きるというイメージがあるかもしれないが、その代表格がオオバコである。オオバコは人に踏まれやすい道ばたやグラウンドによく生えている。

　オオバコが踏みつけに強い秘密は、「やわらかさ」と「硬《かた》さ」にある。オオバコの葉は、とてもやわらかい。このやわらかい葉が衝撃《しょうげき》を吸収するのである。もし、これが＊頑強《がんきょう》な葉であると衝撃を受けて、破れてしまうだろう。［Ａ］、ただやわらかいだけでは、ちぎれてしまう。そのためオオバコは、葉の中に丈夫《じょうぶ》な筋を通している。葉をちぎってそっと引っ張ってみると、この筋を抜《ぬ》き出すことができる。やわらかさの中に硬さをあわせ持っているから、オオバコの大きな葉は丈夫なのである。やわらかいだけでも、硬いだけでも、ダメなのだ。

　茎《くき》も、やわらかさと硬さをあわせ持っている。ただし、茎は葉とは逆の構造である。茎は外側が（　Ⅰ　）皮でできているが、逆に内部はスポンジ状の（　Ⅱ　）構造になっている。（　Ⅲ　）だけの茎では折れてしまうが、中が（　Ⅳ　）のでしなって衝撃を和《やわ》らげるのである。

　しかし、オオバコのすごいところは踏みつけに耐《た》えているだけではない。その秘密が種子にある。

　オオバコの種子は、紙おむつに似た化学構造のゼリー状の物質を持っていて、水に濡《ぬ》れると＊膨張《ぼうちょう》して粘着《ねんちゃく》する。その①粘着物質で人間の靴《くつ》や、自動車のタイヤにくっついて運ばれていくのである。もともとオオバコの種子が持つ粘着物質は、乾燥《かんそう》などから種子を保護するためのものであると考えられている。しかし結果的に、この粘着物質がaキ能して、オオバコは分布を広げていくのである。＊舗装《ほそう》されていない道路では、どこまでも、＊轍《わだち》に沿ってオオバコが生えているのをよく見かける。

　オオバコは学名を「プランターゴ」という。これはラテン語で、「足の裏で運ぶ」という意味である。［Ｂ］、漢名では「車前草《しゃぜんそう》」という。これも道に沿ってどこまでも生えていることにbユ来している。こんなに道に沿って生えているのは、人や車がオオバコの種子を運んでいるからなのだ。

　こうなれば、オオバコにとって踏まれることは、耐えることでも、克服《こくふく》すべきことでもない。踏まれなければ困るほどまでに、踏まれることを利用しているのである。道のオオバコは、みんな踏んでもらいたいと思っているはずである。まさに＊逆境をプラスに変えているのだ。

　逆境をプラスに変えるというと、良いように考えるポジティブシンキングのようなものをイメージするかもしれないが、オオバコの場合は、逆境を具体的な方cホウとしてプラスに活用しているのだから、すごい。まさに道を究《きわ》めりである。

（稲垣栄洋《いながきひでひろ》『スイカのタネはなぜ散らばっているのか』による）

＊頑強 ＝ がっしりして強いようす。
＊膨張 ＝ ふくれて大きくなること。
＊舗装 ＝ 道の表面をコンクリートやアスファルトでかためたり、れんがなどをしきつめたりしてととのえること。
＊轍 ＝ 車のとおりすぎた後に、地面に残った車輪のあと。
＊逆境 ＝ つらく苦しい状況《じょうきょう》。

B　面

2　ひろさんのクラスでは36人の児童が，**図1**のように，縦38 cm，横54 cmの長方形の紙に絵をかき，縦42 cm，横59 cmの長方形の色画用紙に貼《は》りつけて，**図2**のような「作品」をつくって掲示《けいじ》することにしました。

「作品」では，絵をかいた紙と色画用紙は，縦の辺どうしと横の辺どうしがそれぞれ平行です。また，**図3**のように，絵をかいた紙の辺と色画用紙の辺との間の長さは，上下で同じ長さ（**図3**の□cm）にし，左右でも同じ長さ（**図3**の△cm）にします。

あとの(1)～(4)の問いに答えなさい。

図1

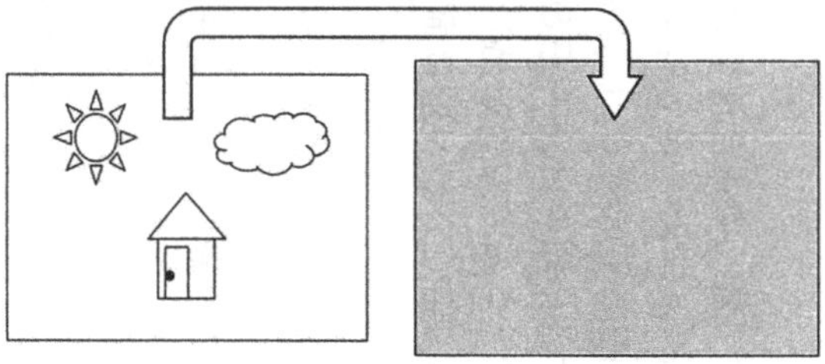

図2

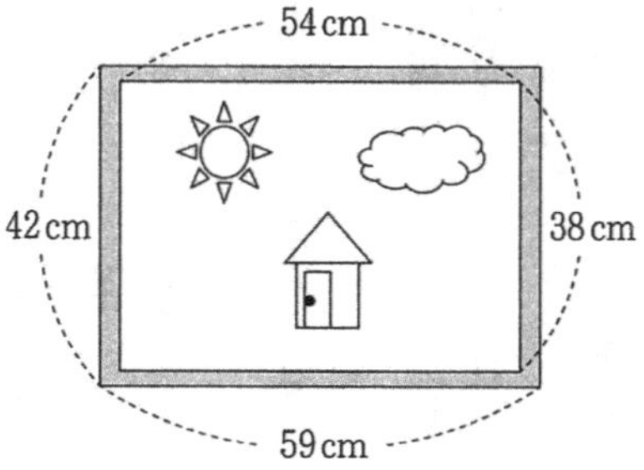

「作品」

図3

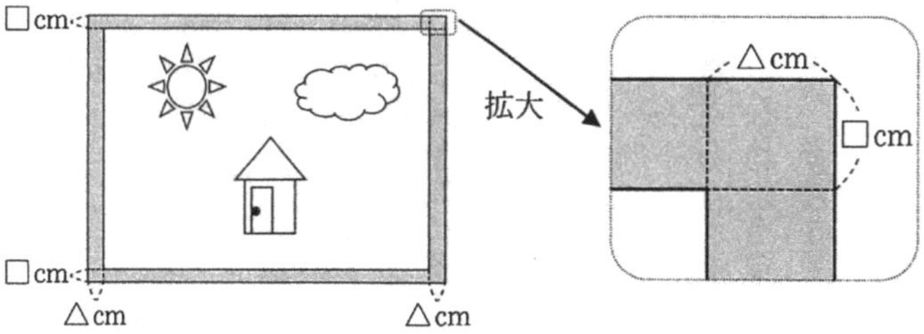

(1)　「作品」において，絵をかいた紙の外側の色画用紙の部分（**図2**の　　）の面積を求めなさい。

(2)　**図3**の□と△にあてはまる数をそれぞれ求めなさい。

② 9人の児童が「飾り」をそれぞれ作ります。作る速さはそれぞれ一定であり，「飾り」を1人で1個作るのに1分30秒かかる児童が4人と，1分15秒かかる児童が5人います。9人の児童が同時に作りはじめるとき，あわせて150個の「飾り」ができるのは，作りはじめてから何分何秒後ですか。求めなさい。

解答用紙①

80

/25

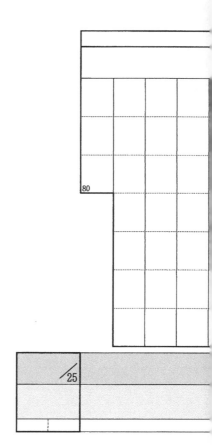

解答用紙②

受験番号	

令和３年度

大阪市立中高一貫校入学者選抜【共通】

（咲くやこの花中学校・水都国際中学校）

適性検査Ⅰ

9:40～10:25（45分）

（注意）

1　検査開始の合図があるまで、中を開いて見てはいけません。

2　検査開始の合図で、受験番号をこの用紙と２枚の解答用紙のそれぞれに記入してください。解答はすべて解答用紙に書いてください。

3　解答用紙には自分の名前を書かないでください。

4　問題は、1 と 2 の２問です。

5　問題についての質問には答えませんが、印刷の悪いところがある場合は手をあげて検査室の係の人に知らせてください。

6　問題が終わっても、途中《とちゅう》で検査室から出てはいけません。

7　問題用紙を持ち帰ることはできません。

8　検査終了《しゅうりょう》の合図で、解答用紙の上にこの用紙を重ねて机の上に置き、着席《ちゃくせき》したまま、静かに指示を聞いてください。

9　検査室の係の人の指示が出てから、休憩《きゅうけい》をしてください。

10　その他、検査室の係の人に連絡《れんらく》があるときは、手をあげてください。

【適性検査Ⅰ】

1　次の文章を読んで、あとの問いに答えなさい。

ごみを捨《す》てたくなる、ごみ箱の「しかけ」

①スウェーデンのある公園で、みんながごみ箱[A]を見ています。この青いごみ箱は見た目はふつうのごみ箱ですが、ごみを入れると「ヒュ〜ッ」っと落下音が約８秒間きこえて、その後に「ガシャーン！」とごみがぶつかる音がします。まるで、このごみ箱は地下深くまでほられていて、底までごみが落ちているような気がしてしまいます。
②公園にこのごみ箱を置いたところ、１日で72キロのごみが回収《かいしゅう》できたそうです。立ち止まってごみ箱をのぞきこむ人や、公園に落ちているごみも拾って、ごみ箱に入れた人もいたそうです。きっと、わたしも同じことをすると思います。
③じつはこのごみ箱と同じものをつくって大学祭で展示《てんじ》したことがあります。予想どおり来場者に大人気で、用意した紙くずはあっという間になくなりました。
④こんなごみ箱があったらごみを捨てるのがたのしくなるので、きっとポイ捨ても減るし、道に捨てられているごみも少なくなるでしょうね。

どちらに捨てる？ごみ箱の「しかけ」

研究[B]室で行った「しかけ」の実験をしょうかいします。金あみのごみ箱が２つありますが、左はバスケットゴールがついています。あなたは、どちらに捨てたくなりますか？

大学構内に設置して利用人数[C]を数えたところ、１・６倍の人が左のごみ箱（バスケットゴール）のほうにごみを投げ入れました。

【中略】

ごみのポイ捨てが後をたちませんが、こんなごみ箱があったらポイ捨てするよりもシュートしたくなりますね。シュートに失敗した人は拾って、またシュートしていました。

みんながごみをちゃんと捨てたくなる「しかけ」ですね。

松村　真宏《なおひろ》　著《ちょ》「毎日がたのしくなる！まほうのしかけ　しかけは世界を変える!!」

問1　本文中の ―― 部A～Cの漢字を、漢字辞典の部首さく引でさがすときの部首を、【例】にならって答えなさい。

【例】電 → 雨

A　箱 → □

B　究 → □

C　数 → □

問2　本文中の「予想どおり」が修飾している言葉を次のア～エの中から一つ選び、記号で答えなさい。

ア　来場者に　　イ　大人気で　　ウ　用意した　　エ　紙くずは

問3　次の文章が入る最も適切な部分を次のア～エの中から一つ選び、記号で答えなさい。

> じつは、ごみ箱のなかには、ごみが入ったことを感知するセンサー、音をだす装置《そうち》とスピーカーが入っています。このごみ箱のそばを通った人が、ごみ箱にごみを入れると、センサーが感知して音が鳴る「しかけ」が入っていたのです。

ア　①の段落のあと

イ　②の段落のあと

ウ　③の段落のあと

エ　④の段落のあと

問4　スウェーデンの公園にあるごみ箱と、研究室で行った「しかけ」の実験で使用したごみ箱について、それぞれ次のようにまとめました。【スウェーデンの公園にあるごみ箱】のまとめを参考に、（　　）Ⅰ・Ⅱを考えて完成させなさい。

【スウェーデンの公園にあるごみ箱】

○「しかけ」
　→　ごみを捨てると音が鳴るようにした。

○結果
　→　1日で72キロのごみが回収できた。

○考えたこと
　→　ごみを捨てるのがたのしくなるので、ポイ捨ても減るし、道に捨ててあるごみも少なくなる。

【研究室で行った「しかけ」の実験で使用したごみ箱】

○「しかけ」
　→　（　Ⅰ　）。

○結果
　→　（　Ⅱ　）。

○考えたこと
　→　ポイ捨てするよりもシュートしたくなるので、ポイ捨てが少なくなる。

問5　「みんながごみをちゃんと捨てたくなる『しかけ』ですね。」とありますが、ごみ箱に「しかけ」を付けることについて、あなたの意見を２８０字以上３２０字以内で書きなさい。

受験番号	

令和 3 年度

大阪市立咲くやこの花中学校入学者選抜

【 言語分野 】

適性検査Ⅱ

10:55～11:55(60 分)

（注意）

1　検査開始の合図があるまで、中を開いて見てはいけません。

2　検査開始の合図で、受験番号をこの用紙と２枚の解答用紙のそれぞれに記入してください。解答はすべて解答用紙に書いてください。

3　解答用紙には自分の名前を書かないでください。

4　問題は、1 と 2 の２問です。

5　問題についての質問には答えませんが、印刷の悪いところがある場合は手をあげて検査室の係の人に知らせてください。

6　問題が終わっても、途中《とちゅう》で検査室から出てはいけません。

7　問題用紙を持ち帰ることはできません。

8　検査終了《しゅうりょう》の合図で、解答用紙の上にこの用紙を重ねて机の上に置き、着席《ちゃくせき》したまま、静かに指示を聞いてください。

9　その他、検査室の係の人に連絡《れんらく》があるときは、手をあげてください。

【適性検査Ⅱ　言語分野】

1　さくやさんのクラスでは、**【生き方に関する言葉】**①～③について学びました。そして、それらの言葉を語った人物について調べたことを発表しました。あなたが、「これからの生き方」を考えるうえで参考にしたい言葉を①～③から一つ選び、「これからの生き方」についてあなたの考えを書きなさい。

なお、選んだ言葉の番号は□に書き、原稿《げんこう》用紙には本文から書きなさい。

条件１　**【調べたこと】**についてふれること。

条件２　３６０字以上４００字以内で書くこと。

【生き方に関する言葉】

①　夢を求め続ける勇気さえあれば、すべての夢は必ず実現できる。
（アメリカの映画監督《えいがかんとく》・実業家　ウォルト・ディズニー）

②　好きの力を信じる。　（漫画家《まんがか》　水木しげる）

③　きらいなことをやれと言われ、それをやれる能力は、あとで必ず生きてきます。
（野球選手　イチロー）

（金田一秀穂《ひでほ》　監修《かんしゅう》「『考える力』を育む子どものための名言集」より）

【調べたこと】

さくやさん

わたしは、①の言葉を語ったウォルト・ディズニーについて調べました。ディズニーは、小さいころから絵が好きで、たくさんの漫画《まんが》を描《か》いていました。大人になってアニメを作る仕事をしていましたが、会社がうまくいかなくなることが何度もありました。でも、あきらめずに挑戦《ちょうせん》を続け、子どもも大人も楽しめる映画や楽しい遊園地を作りました。有名になった後もディズニーは、「すべてはたった一ぴきの小さなネズミのキャラクターから始まった。それを忘《わす》れてはいけない。」と口ぐせのように言っていたそうです。

このはさん

わたしは、②の言葉を語った水木しげるさんについて調べました。水木さんの代表作『ゲゲゲの鬼太郎《きたろう》』は、発表された当時、あまり評判がよくありませんでした。でも、水木さんは妖怪《ようかい》が大好きで、どんなに売れなくても「妖怪の漫画は楽しいはず」と信じていました。そのため、収入《しゅうにゅう》のほとんどを、漫画を描くための資料や本を買うことに使い、漫画のストーリーを一生懸命《いっしょうけんめい》考えました。そうして描き続けるうちに『ゲゲゲの鬼太郎』は大人気作品になりました。水木さんは「それだけ『好き』の力が強かったのです。」と語っています。

はなこさん

わたしは、③の言葉を語ったイチロー選手について調べました。大リーグで活躍《かつやく》したイチロー選手が、子どもたちにすすめることの一つが「宿題をきちんとやること」です。イチロー選手は子どものころ、どんなに練習が大変でも毎日の宿題を全部やっていたそうです。イチロー選手は「今は、そのことがすごく役に立っている。大人になると、気の進まないことをしなければならないこともある。しなければならないことをしっかりやる姿勢《しせい》を身につければ、それはどんな仕事にも生きるはずだ。」と言っています。

受験番号	

令和３年度
大阪市立咲くやこの花中学校入学者選抜
【 ものづくり（理工）分野 】

適性検査Ⅱ

10:55～11:55(60分)

（注意）

1　検査開始の合図があるまで、中を開いて見てはいけません。

2　検査開始の合図で、受験番号をこの用紙と２枚の解答用紙のそれぞれに記入してください。解答はすべて解答用紙に書いてください。

3　解答用紙には自分の名前を書かないでください。

4　問題は、1 と 2 の２問です。

5　問題についての質問には答えませんが、印刷の悪いところがある場合は手をあげて検査室の係の人に知らせてください。

6　問題が終わっても、途中《とちゅう》で検査室から出てはいけません。

7　問題用紙を持ち帰ることはできません。

8　検査終了《しゅうりょう》の合図で、解答用紙の上にこの用紙を重ねて机の上に置き、着席《ちゃくせき》したまま、静かに指示を聞いてください。

9　その他、検査室の係の人に連絡《れんらく》があるときは、手をあげてください。

【 適性検査Ⅱ　ものづくり（理工）分野 】

1　太郎《たろう》さんとみさきさんは、図１のような１辺が１㎝の立方体で色がぬられていない積み木を使って、これらをすきまなく並べて積み上げ、大きな直方体をつくることにしました。

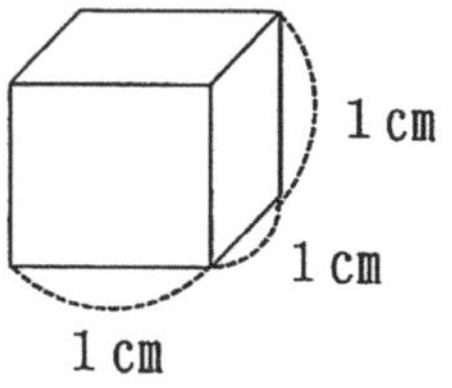

【積み木】

図１

次に、図２のように、垂直《すいちょく》に交わる２つのかべとそれらに垂直に交わるゆかがあり、これらの２つのかべとゆかに、つくった直方体をぴったりすきまなくつけて置きました。

この直方体の、縦《たて》、横、高さをそれぞれ a ㎝、b ㎝、c ㎝と表します。そして、この直方体の２つのかべとゆかに接していない残りの３面に色をぬることにしました。

例えば、図３は $a=3$、$b=4$、$c=2$ の直方体であり、色がぬられた面積の合計は 26 ㎝^{2}となります。また、この直方体をばらばらにしたとき、１面だけ色がぬられた積み木は 11 個となります。

太郎さんとみさきさんは、いろいろな形の直方体を考えながら、積み木の色のぬられ方やその個数について調べることにしました。次の（１）～（５）の問いに答えなさい。

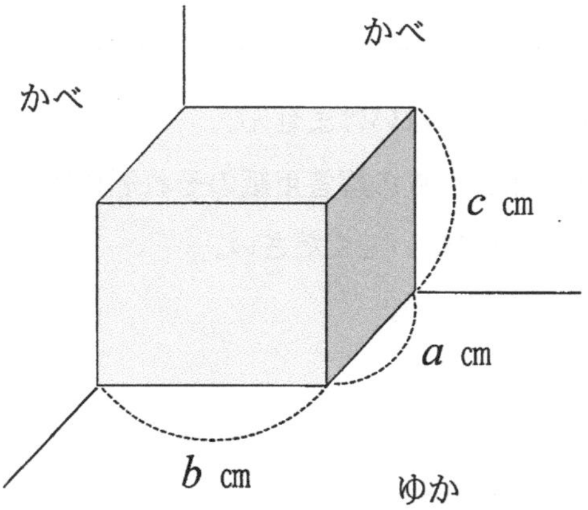

【直方体】

図２

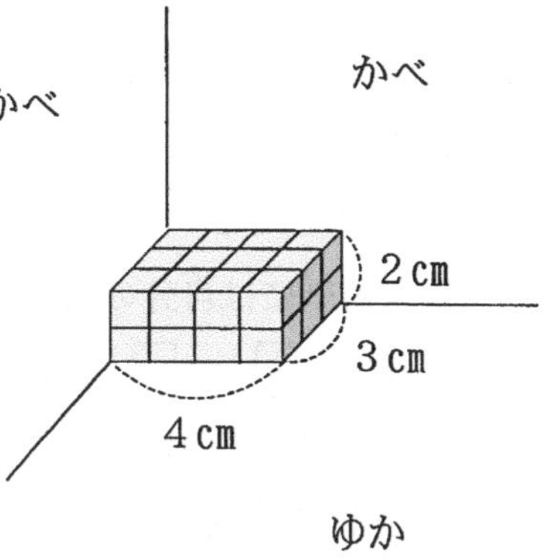

【直方体】

図３

（1）太郎さんは、まず、$a=4$、$b=6$、$c=3$である直方体を考えることにしました。

① 使った積み木の個数を答えなさい。

② 色がぬられた面の面積の合計を答えなさい。

（2）次に、みさきさんは、１辺が６cmの正方形を底面とした直方体を考えることにしました。このとき、１面だけ色がぬられた積み木の個数を調べたら95個でした。

① この直方体の高さを□cmとして、「１面だけ色がぬられた積み木の個数が95個あった」という条件から成り立つ式を、□を使った式で答えなさい。

② この直方体の高さは何cmか答えなさい。

（3）さらに、みさきさんは、高さが 12 cmで、底面が正方形の直方体を考えることにしました。このとき、2面だけ色がぬられていた積み木の個数を調べたら 45 個でした。この直方体をばらばらにしたとき、色がぬられていない積み木の個数を答えなさい。

（4）太郎さんは、積み木の積み方をいろいろ変えて、さまざまな形の直方体を考えました。すると、直方体の形に関わらず、いつも同じ個数の積み木が決まったぬられ方をしていることがわかりました。それはどのような色のぬられ方で、その積み木の個数は何個か答えなさい。

（5）2人は、84 個の積み木をすべて使って、さまざまな形の直方体を作ることにしました。これらの直方体を調べてみると、2面だけ色がぬられた積み木の個数が最少になる場合がありました。

このとき、2面だけ色がぬられた積み木の個数を答えなさい。

受験番号	

令和３年度
大阪市立咲くやこの花中学校入学者選抜
【 芸術（美術・デザイン）分野 】

適性検査Ⅱ

10:55～11:55(60分)

（注意）

1　検査開始の合図があるまで、中を開いて見てはいけません。

2　検査開始の合図で、受験番号をこの用紙と２枚の解答用紙の裏面それぞれに記入してください。解答はすべて解答用紙に書いてください。

3　解答用紙には自分の名前を書かないでください。

4　問題は、1 と 2 の２問です。

5　問題についての質問には答えませんが、印刷の悪いところがある場合は手をあげて検査室の係の人に知らせてください。

6　問題が終わっても、途中《とちゅう》で検査室から出てはいけません。

7　問題用紙を持ち帰ることはできません。

8　検査終了《しゅうりょう》の合図で、解答用紙の上にこの用紙を重ねて机の上に置き、着席《ちゃくせき》したまま、静かに指示を聞いてください。

9　その他、検査室の係の人に連絡《れんらく》があるときは、手をあげてください。

[redacted]

【30m走】（運動場が使用できないとき）

＜方法＞＜記録＞については、50m走に準じ、体育館で実施します。

2【立ち幅とび】

＜方法＞

(1) 両足を軽く開いて、つま先が踏切り線の前端にそろうように立ちます。

(2) 両足で同時に踏み切って前方へとびます。

＜記録＞

(1) 身体が測定用マットに触れた位置のうち、もっとも踏切り線に近い位置と、踏切り前の両足の中央の位置（踏切り線の前端）とを結ぶ直線の距離を計測します。
（※ 測定用マットを使用し、屋内で実施）

(2) 記録はセンチメートル単位とし、センチメートル未満は切り捨てます。

(3) ２回実施してよい方の記録をとります。

令和3年度大阪市立中高一貫校入学者選抜【共通】【適性検査Ⅰ】解答用紙

1

問1
A
B
C

問2

問3

問4
Ⅰ
Ⅱ

※50点満点

受験番号

※この線より下の欄《らん》には記入しないこと

/25

/3

/2

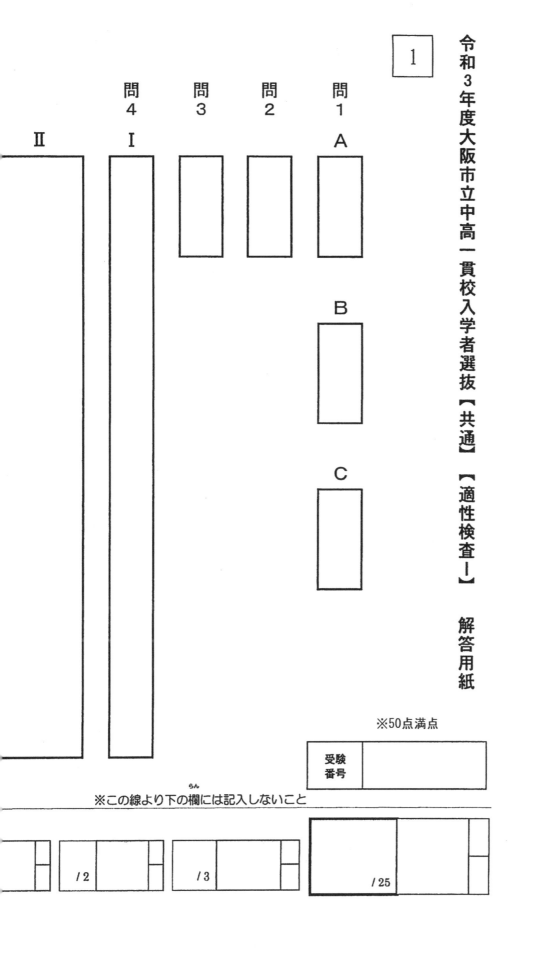

/2

(3)

km

(3)

/2

(4)

分

(4)

/3

(5)

分後

(5)

/3

令和３年度大阪市立咲くやこの花中学校入学者選抜　【適性検査Ⅱ　言語分野】　解答用紙

1

○選んだ言葉の番号

100

※80点満点

受験番号

※下の欄《らん》には記入しないこと

/40

400 360 300 200

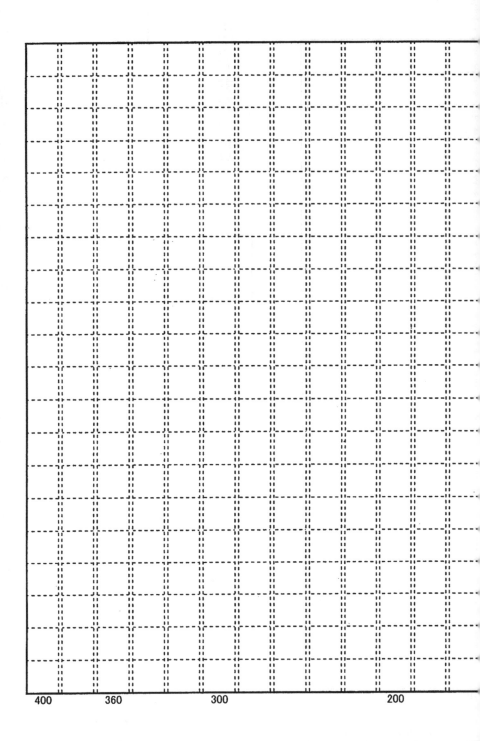

（３）

個

（４）色のぬられ方

個数

個

（５）

個

/ 4

（３）

/ 8

（４）色のぬられ方

/ 4

個数

/ 4

（５）

/10

%

（5）記号

理由

（4）

/4

（5）記号

/4

理由

/8

※80点満点

1

※受験番号は裏に書きなさい。

芸術適Ⅱ－2 解答用紙

＊何の遊びを表し

次の□の中に遊びの名前を記入しなさい。

2

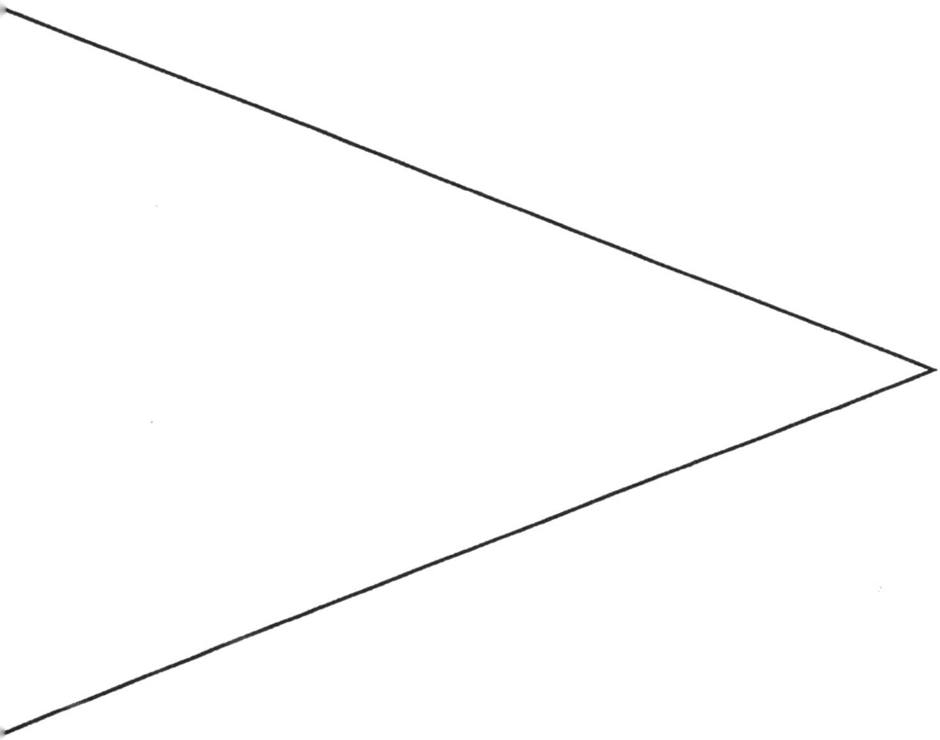

※受験番号は裏に書きなさい。

芸術適Ⅱ－1　解答用紙

適Ⅱ（ものづくり）－2

（6）

頭

（7）

日

※この線より右の欄《らん》には記入しないこと

（6）

/6		

（7）

/6		

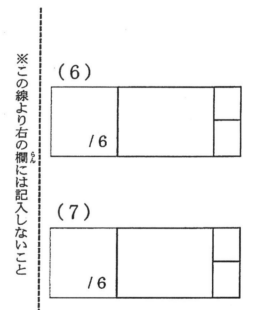

令和３年度大阪市立咲くやこの花中学校入学者選抜【適性検査Ⅱものづくり（理工）分野】解答用紙

受験番号	

/40

2

（1）

本

（2）

ひき

（3）

ひき

※この線より右の欄《らん》には記入しないこと

（1）

/ 4

（2）

/ 4

（3）

令和３年度大阪市立咲くやこの花中学校入学者選抜【適性検査Ⅱものづくり(理工)分野】解答用紙

※80点満点

受験番号	

/40		

※この線より右の欄《らん》には記入しないこと

1

（1）①

個

/３		

②

cm^2

/３		

（2）①

/４		

②

【解

令和３年度大阪市立咲くやこの花中学校入学者選抜　【適性検査Ⅱ　言語分野】　解答用紙

2

100

※下の欄《らん》には記入しないこと

/40		

受験番号	

400 360 300 200

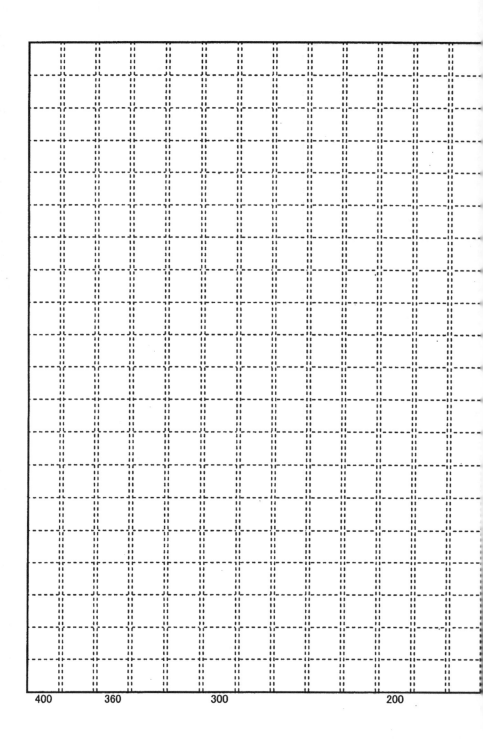

(6)

%引き

(7)

大人　　　　人，　　子ども　　　　人

(8)

人

※この線より右の欄《らん》には記入しないこと

(6) /3

(7) /3

(8) /3

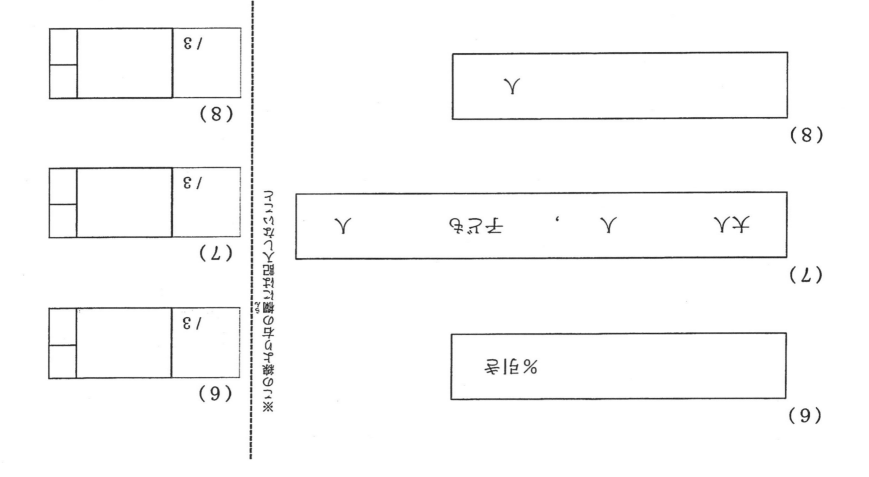

令和３年度大阪市立中高一貫校入学者選抜【共通】【適性検査Ⅰ】解答用紙

受験番号	

/25

2

（1）①

g

②

g

（2）買うパックの記号

※この線より右の欄《らん》には記入しないこと

（1）①

/2

②

/2

（2）記号

/2

適Ⅰ－1

320　280　200　100

/10		

/8	

◆「スポーツ分野」検査種目

1　50m走（運動場が使用できるとき）
　　または、30m走（運動場が使用できないとき）
2　立ち幅とび

※ 文部科学省「新体力テスト実施要項（6～11歳対象）」（下記）を参考に、実施します。

1【50m走】（運動場が使用できるとき）

＜方法＞

(1) スタートはスタンディングスタートの要領で行います。

(2) スタート合図は、「位置について」、「用意」の後、音または声を発すると同時に旗を下から上へ振り上げることによって行います。

＜記録＞

(1) スタートの合図からゴールライン上に胴（頭、肩、手、足ではない）が到達するまで

[芸術（美術・デザイン）分野]

1　あなたの学校では、毎年、地域のお年寄りの方と一緒に体育館（講堂）で、昔から伝わる遊びをしています。あなたが地域のお年寄りの方と昔から伝わる遊びをしている様子を色えんぴつでかきなさい。

＊解答用紙は、縦《たて》長に使っても横長に使ってもどちらでもかまいません。

2　体育館（講堂）で様々な昔から伝わる遊びを体験するにあたり、それぞれの遊びの目印となる旗を立てることになりました。何の遊びかをイメージさせるような旗のデザインを考えて、色えんぴつでかきなさい。

＊解答用紙は、横長に使うこと。
＊何の遊びを表しているか、解答用紙の□の中に遊びの名前を記入しなさい。
＊デザインに文字を入れないこと。

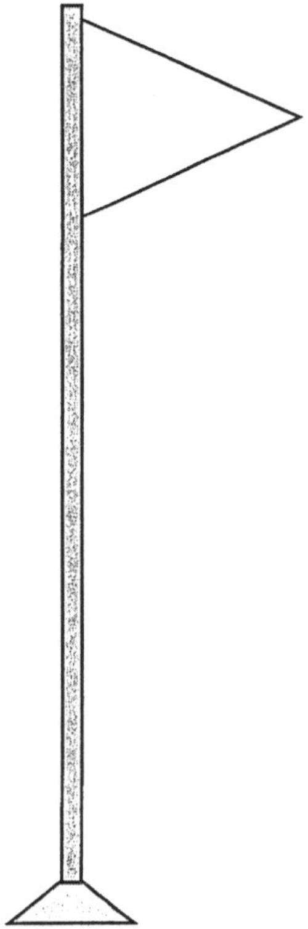

【 適性検査Ⅱ　ものづくり（理工）分野 】

2　さくやさんは、ある草原の生き物について調査することにしました。この草原の中には、たての長さが 28m、横の長さが 32mの長方形に囲まれた花畑があります。これについて、次の（１）～（７）の問いに答えなさい。

まず、さくやさんは、この花畑に生えているアブラナと花畑にいるモンシロチョウの総数を調査することにしました。生き物の総数を調査する方法を調べると、次のような「区画法」と「標識再捕《さいほ》法」とよばれる２つの方法で求めることができることがわかりました。

【区画法】

調査するはん囲を、いくつかの同じ面積の区画（ブロック）に分ける。この内のいくつかの区画で調べたい生き物の数を数えてから１区画あたりの生き物の数の平均を求め、調査するはん囲全体の生き物の総数を推定《すいてい》する方法。

（区画法の例）

ある地域《ちいき》に生えている植物の総数Ａ本を調べるために、ある地域を同じ面積のＢ個の区画に分けました。この内のいくつかの区画に生えている植物の数をそれぞれ調べ、１区画あたりの植物の数の平均を求めたところ、Ｃ本でした。

このとき、Ａ（本）＝Ｃ（本）×Ｂ（個）というような関係が成り立つため、植物の総数Ａ本を求めることができます。

【標識再捕法】

適当な数の生き物をつかまえ、印（標識）をつけてから調査するはん囲に放つ。しばらく期間をおいてから再び適当な数の生き物をつかまえ、印がついた生き物をどの程度の割合でつかまえたかを調べることにより生き物の総数を推定する方法。

（標識再捕法の例）

ある池にいるフナの総数Ａひきを調べるために、まずＢひきをつかまえました。次に、このＢひきすべてに印をつけてから池にもどしました。数日後に一度目と同じ方法でＣひきをつかまえたところ、その中に印のあるフナがＤひきいました。

このとき、Ａ（ひき）：Ｂ（ひき）＝ Ｃ（ひき）：Ｄ（ひき）というような関係が成り立つため、フナの総数Ａひきを求めることができます。

（1）さくやさんは、この花畑に生えているアブラナの総数を調査するために、区画法を用いることにしました。そこで、この花畑を１辺の長さが２mの正方形の区画に分け、その内の５個の区画について、それぞれの区画の中に生えているアブラナの数を調べました。その結果は、下の【表】のようになりました。

この花畑にはアブラナが何本生えていると考えられるか答えなさい。ただし、この花畑にアブラナは一面に、まんべんなく生いしげっているものとします。

【表】

	区画１	区画２	区画３	区画４	区画５
アブラナの数（本）	12	14	20	21	18

（2）さくやさんは、この花畑にいるモンシロチョウの総数を調査するために、標識再捕法を用いることにしました。そこで、モンシロチョウを 48 ひきつかまえて、小さな印をつけ、再びこの花畑に放しました。数日後、同じ方法で 36 ひきをつかまえて、印がついているかどうか確認《かくにん》したところ、８ひきに先日つけた印がついていることがわかりました。

この花畑にはモンシロチョウが何ひきいると考えられるか答えなさい。ただし、モンシロチョウはこの花畑の中をくまなく移動し、花畑の中と外でモンシロチョウの出入りはなく、１回目につかまえたときと２回目につかまえたときでは同じモンシロチョウがいるものとします。

次に、さくやさんは、この草原にいるあるこん虫が成長していくときの数の変化について調べました。

右の**グラフ**は、あるこん虫が卵《たまご》で生まれてから幼虫《ようちゅう》、さなぎ、成虫と成長するまでの数の変化を、生まれた卵の数に対する割合で表したものです。生まれた卵の総数に対して、ふ化して幼虫になる割合が 76%、さなぎになる割合が 45%、成虫にまで成長する割合は 20%ということを表しています。また、このこん虫は、一生に１回のみ、**グラフ**のＰの時点で受精卵《じゅせいらん》を産むものとします。

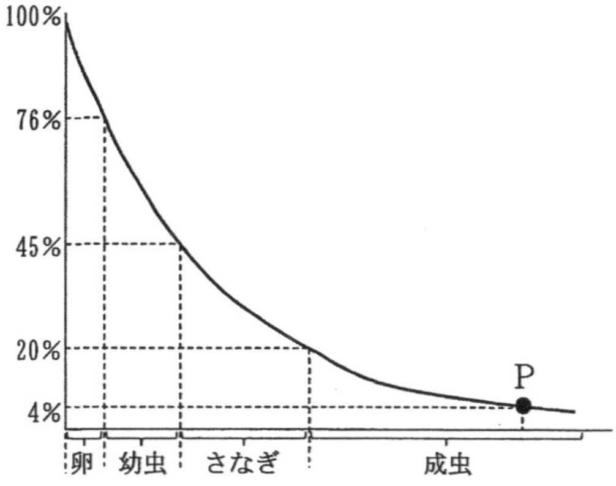

グラフ

（３）このこん虫の成虫のメスが 170 個の卵を産んだ場合、成虫になるまで成長するのは何ひきか答えなさい。

（４）幼虫になったこん虫のうち、さなぎになるのは何%か答えなさい。ただし、答えが割《わ》り切れない場合は、小数第２位を四捨五入《ししゃごにゅう》して、小数第１位まで答えなさい。

（5）このこん虫のメス１ひきが常に 60 個の卵を産むとすれば、このこん虫の数はこのあとどのように変化していくと考えられますか。次の**ア**～**ウ**から１つ選んで記号で答えなさい。また、そのように考えた理由を説明しなさい。ただし、卵から生まれてくる幼虫のオスとメスの数の割合は、常に１：１であるものとします。

ア　だんだん増えていく。

イ　だんだん減っていく。

ウ　増えも減りもしない。

さらに、さくやさんは、ある草原に生えている草の量と、この草をエサにしているある動物の数との関係について調べるため、次のような場面を想定して考えることにしました。

この草原には、草が一面にまんべんなく生いしげっていて、１日に一定の割合で草がのびています。この草原では、草をエサにしている動物が、１頭ずつ１日に同じ量の草を食べています。67 頭の動物では草原の草を 41 日で食べつくしてしまいます。また、87 頭の動物では 31 日で食べつくしてしまいます。ただし、草原の中と外でこの動物の出入りはないものとします。

（6）この草原の草がなくならない状態になるのは、この動物が何頭以下の場合か答えなさい。

（7）ある動物が 36 頭では、何日で草がすべてなくなるか答えなさい。

【適性検査Ⅱ　言語分野】

2　このはな小学校の図書委員会では、校内で読書を広めるために、どのような活動をするか、**【資料1】【資料2】**を参考に話し合っています。

Aさん	わたしは、**【資料1】**を見ると、「紙の本を読もうと思わなかった」と答えた人が746人いた中で、「電子書籍《しょせき》を読もうと思わなかった」と答えた人が68・2%となっているので、この人たちに対して読書をすすめたいと思います。
Bさん	電子書籍って、なんですか。
Aさん	電子書籍というのは、スマートフォンやタブレットで読める本のことです。
Cさん	**【資料2】**を見ると、電子書籍の売り上げは伸《の》びていることがわかりますね。
Bさん	それならわたしは、「紙の本を読んだ」と答えた人が2177人いた中で、「電子書籍を読みたかったが読まなかった」と答えた11・4%の人に対して読書をすすめるのがよいと思います。
Cさん	なるほど。その人たちは電子書籍に興味を持っていそうなので、電子書籍での読書をすすめると、読書を広めるのに効果がありそうですね。

あなたは、**【資料1】**の中で、どのように回答した人に対して、どのように読書をすすめるのが効果的だと考えますか。次の**条件1・2**にしたがって、あなたの考えを360字以上400字以内で書きなさい。

条件1　**【資料1】【資料2】**についてふれること

条件2　校内で読書を広めるための効果的な活動を具体的に書くこと

【資料１】

インターネットを利用できる環境《かんきょう》にある小学５・６年生を対象に行った「過去１ヶ月の読書活動」に関するアンケート結果

		電子書籍を読んだ	電子書籍を読みたかったが読まなかった	電子書籍を読もうと思わなかった	インターネットを利用していない
小学生全体	3120 人	16.1%	10.7%	52.9%	20.3%
紙の本を読んだ	2177 人中の割合	21.0%	11.4%	48.5%	19.1%
紙の本を読みたかったが、読まなかった	197 人中の割合	8.6%	33.0%	43.1%	15.2%
紙の本を読もうと思わなかった	746 人中の割合	3.6%	2.8%	68.2%	25.3%

（文部科学省　平成 30 年度委託《いたく》調査「子供の読書活動の推進《すいしん》等に関する調査研究報告書」を参考に作成）

【資料２】

紙の出版※市場《しじょう》と電子出版市場合計（2015 年～2019 年）

※市場・・・取引（売買）の状況

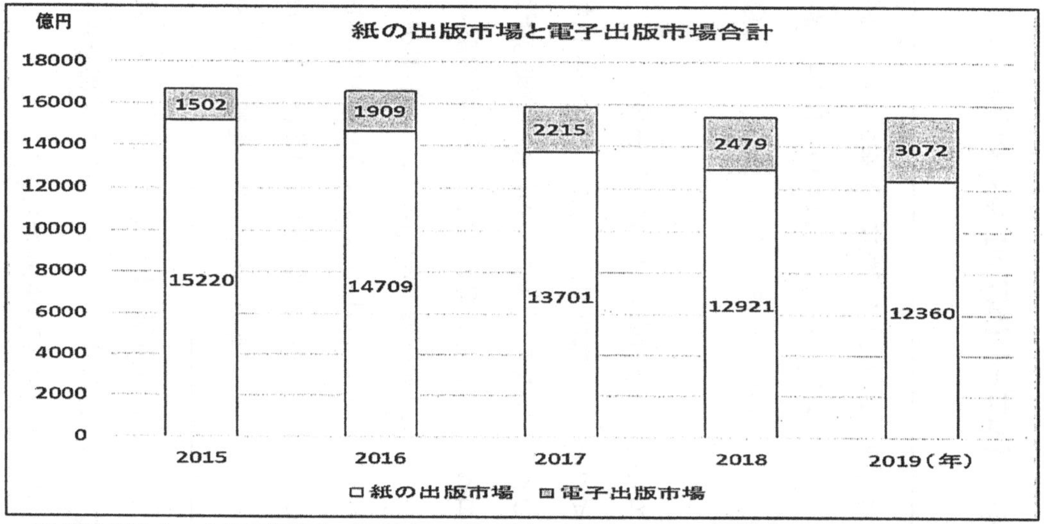

（公益社団法人　全国出版協会（2020 年１月）「紙の出版市場と電子出版市場合計」を参考に作成）

【 適性検査Ⅰ 】

2　小学校６年生のたかしさんは地域《ちいき》の野球チームに所属しています。チーム全員でキャンプへ行くことになりました。次の（１）～（８）の問いに答えなさい。

４つのグループに分かれて、それぞれのグループで夕ご飯を作ることになりました。たかしさんのグループは６人で、カレーを作ることにしました。そこで、料理の本を見ると、次のようにカレーの材料が書かれていました。

カレーの材料（４人分）

・カレールー	115ｇ	・肉	250ｇ
・玉ねぎ	400ｇ	・じゃがいも	230ｇ
・にんじん	100ｇ	・サラダ油	15mL
・水	850mL		

（１）この材料の分量に基づいて、６人分のカレーを作るには、玉ねぎが 600ｇ、にんじんが［ ① ］ｇ、じゃがいもが［ ② ］ｇ必要です。①と②に入る数を答えなさい。

たかしさん達は、スーパーマーケットへ肉を買いに行きました。スーパーマーケットには、カレー用の肉は次の**ア**～**エ**のシールがはられた４種類のパックが、１つずつ残っていました。

ア

内容量	380ｇ
価格	425 円（税込《ぜいこみ》）

イ

内容量	140ｇ
価格	168 円（税込）

ウ

内容量	220ｇから 10％増量中
価格	250 円（税込）

エ

内容量	180ｇ
価格	220 円（税込）
表示価格より２割《わり》引き	

（２）６人分のカレー用の肉を最も安い代金で買うには、どのパックを選んで買えばよいか記号で答えなさい。また、そのときの代金を答えなさい。ただし、１つのパックでたりない場合は、いくつかのパックを組み合わせて選びます。

次の日、たかしさん達は、グラウンドに集合して、チーム全員でキャンプ場へ出発しました。グラウンドからキャンプ場までは80㎞の道のりがあり、バスに乗って向かいます。キャンプ場に向かう途中、サービスエリアで休けいを１回とりました。**【表１】**は、グラウンドを出発してからの時間と進んだ道のりの関係を表したものです。ただし、バスが動いている間の速さは一定とします。

【表１】

時間(分)	0	10	20	30	40	50	60	70	80	90	100	110	120
進んだ道のり(㎞)	0	8	16	24	32	40	48	48	48	56	64	72	80

（３）サービスエリアは、グラウンドから何㎞進んだところにあるか答えなさい。

（４）休けいをしなかった場合、グラウンドからキャンプ場までかかる時間は何分か答えなさい。

（５）サービスエリアを出発した後、たかしさんは、「キャンプ場まであと４㎞」と書かれた看板《かんばん》を見つけました。たかしさんが乗ったバスは、サービスエリアを出発してから何分後にこの看板を通り過ぎたか答えなさい。ただし、バスの長さは考えないものとします。

【表２】は、キャンプ場の入場料金表です。個人が入場料をしはらう場合、大人１人 1200 円、子ども１人 600 円となっています。また、10 人以上は団体料金になり、大人１人 1000 円、子ども１人 500 円となります。

【表２】

キャンプ場１名様入場料（税込）	個人	団体 （10 人以上）
大人（中学生以上）	1200 円	1000 円
子ども（３才以上～小学生以下）	600 円	500 円

（６）たかしさんのチームが入場する前に、別のチームの小学生 27 名が入場していました。別のチームの小学生の入場料を団体料金でしはらう場合、個人料金でしはらう場合の何％引きになりますか。小数第２位を四捨五入《ししゃごにゅう》して、小数第１位まで答えなさい。

（７）たかしさんのチームは、大人の指導者と小学生の選手の合計 24 人です。キャンプ場に入るために団体料金で入場料を 14500 円しはらいました。たかしさんのチームの大人と子どもの人数をそれぞれ答えなさい。

（８）この日のキャンプ場の入場者の 44％は大人でした。このうち、個人料金で入場した大人は 22 人いて、これは団体料金で入場した大人の入場者数の２割と同じになります。この日のキャンプ場の子どもの入場者数を答えなさい。ただし、３才未満の子どもについては、入場者数に含まないものとします。

受験番号	

令 和 2 年 度

大阪市立中高一貫校入学者選抜【共通】

(咲くやこの花中学校・水都国際中学校)

適性検査 I

9:40〜10:25(45 分)

(注意)

1　検査開始の合図があるまで、中を開いて見てはいけません。

2　検査開始の合図で、受験番号をこの用紙と２枚の解答用紙のそれぞれに記入してください。解答はすべて解答用紙に書いてください。

3　解答用紙には自分の名前を書かないでください。

4　問題は、1 と 2 の２問です。

5　問題についての質問には答えませんが、印刷の悪いところがある場合は手をあげて検査室の係の人に知らせてください。

6　問題が終わっても、途中《とちゅう》で検査室から出てはいけません。

7　問題用紙を持ち帰ることはできません。

8　検査終了《しゅうりょう》の合図で、解答用紙の上にこの用紙を重ねて机の上に置き、何も持たずにろうかに出て指示があるまで待ってください。

9　検査室の係の人の指示が出てから、休憩《きゅうけい》をしてください。

10　その他、検査室の係の人に連絡《れんらく》があるときは、手をあげてください。

【適性検査一】

1 次の文章を読んで、あとの問いに答えなさい。

著作権に関係する弊社の都合により
本文は省略いたします。

教英出版編集部

クリストフ・ブトン 文 伏見《ふしみ》 操《みさお》 訳
「時間ってなに?流れるのは時?それともわたしたち?」より

※ 束縛《そくばく》 制限《せいげん》を加えて自由にさせないこと。

問1　本文中のA～Cの〰〰部は、どのような漢字を使って書きますか。〰〰部と同じ漢字を――部に使って書く文として最も適切なものを、次のア～ウの中からそれぞれ選び、記号で答えなさい。

A
ア　サイ能がある。
イ　お店をサイ開する。
ウ　サイ高級のもてなしをする。

B
ア　車道を歩くのは危《き》ケンだ。
イ　理科の実ケンを行う。
ウ　車をケン査する。

C
ア　イ学が進歩する。
イ　辞典を使ってイ味調べをする。
ウ　その話は、イ前聞いたことがある。

問2　「過去」と同じ熟語《じゅくご》の構成であるものを、次のア～エの中から選び、記号で答えなさい。

ア　永久　　イ　大小　　ウ　登山　　エ　無料

問3　本文中の（1）・（2）に入る最も適切な言葉を、次のア～オの中からそれぞれ選び、記号で答えなさい。

ア　では　　イ　でも　　ウ　または　　エ　つまり　　オ　それとも

問4　筆者は、「未来」を二つの物に例えています。漢字1字で二つぬき出しなさい。

問5　［　　　　］に当てはまる最も適切な言葉を、次のア～エの中から選び、記号で答えなさい。

ア　大切な人生の決断　　イ　心に秘めた夢
ウ　思いもよらないできごと　　エ　自由に満ちた空間

問6　「未来」について、筆者の意見をふまえ、あなたは未来をどうしていきたいと考えますか。280字以上320字以内で書きなさい。

受験番号	

令和２年度

大阪市立咲くやこの花中学校入学者選抜

【 言語分野 】

適性検査Ⅱ

10:55～11:55(60分)

（注意）

1　検査開始の合図があるまで、中を開いて見てはいけません。

2　検査開始の合図で、受験番号をこの用紙と２枚の解答用紙のそれぞれに記入してください。解答はすべて解答用紙に書いてください。

3　解答用紙には自分の名前を書かないでください。

4　問題は、1 と 2 の２問です。

5　問題についての質問には答えませんが、印刷の悪いところがある場合は手をあげて検査室の係の人に知らせてください。

6　問題が終わっても、途中《とちゅう》で検査室から出てはいけません。

7　問題用紙を持ち帰ることはできません。

8　検査終了《しゅうりょう》の合図で、解答用紙の上にこの用紙を重ねて机の上に置き、何も持たずにろうかに出て指示があるまで待ってください。

9　その他、検査室の係の人に連絡《れんらく》があるときは、手をあげてください。

【適性検査Ⅱ　言語分野】

1　次の文章を読んで、あとの問いに答えなさい。

Aさんは、国語の授業で「まちがって使われることが多い言葉」について学習しました。まちがって使われることが多い言葉について興味を持ったAさんは、自分でもインターネットで調べてみることにしました。Aさんは、調べた資料を見せながら友人のBさんと話しています。以下は、その**【資料】**と**【二人の会話】**です。

【資料】　「さわり」　　例文：話のさわりだけ聞かせる。

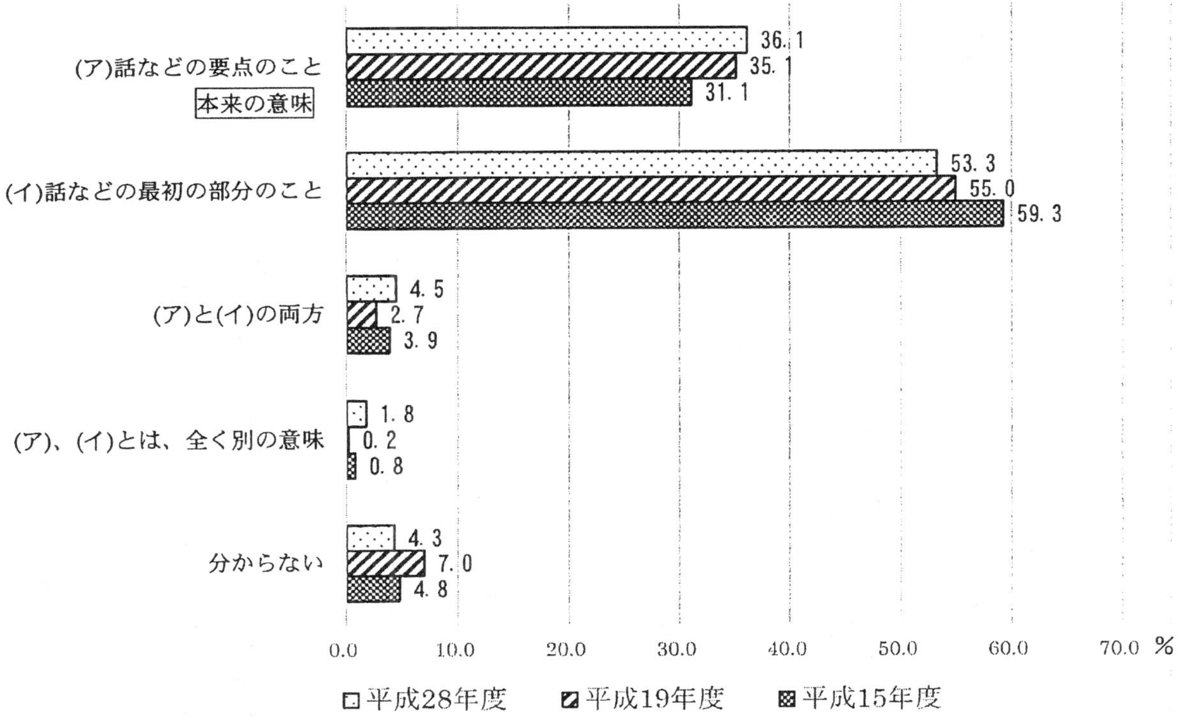

参考　文化庁《ちょう》ホームページ

平成28年度「国語に関する世論《ろん》調査」の結果の概《がい》要より

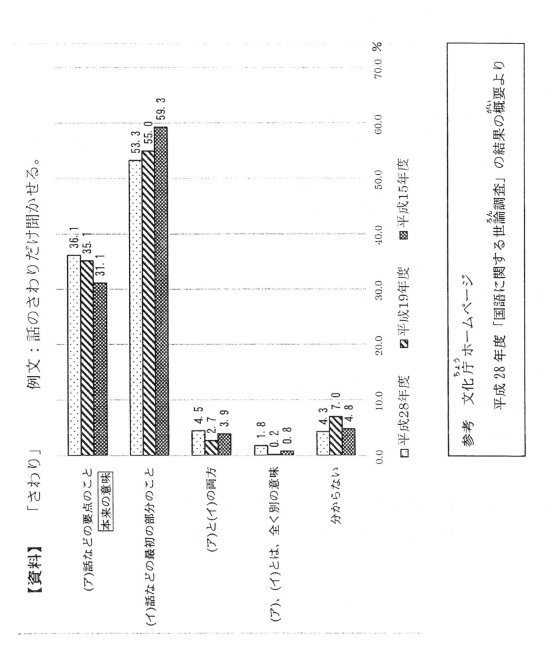

【二人の会話】

Aさん　「インターネットで調べたら、『さわり』もまちがって使っている人が大勢いることがわかったよ。」

Bさん　「ほんとだ。わたしも『さわり』は『話などの最初の部分のこと』だという意味で使っているよ。」

Aさん　「本来の意味は『話などの要点のこと』だよ。」

Bさん　「本来はそういう意味なのか。知らなかったな。言葉の意味はむずかしいね。」

Aさん　「グラフを見ると、平成十五年度の調査の時より、本来の意味で使う人が増えているね。」

Bさん　「でも、まちがった意味で使っている人の割合《わりあい》がすごく多いよ。」

Aさん　「本来の意味をみんなが正しく使わないと、言葉が通じなくなってしまうね。」

Bさん　「そうだね。でも今と昔では、同じ言葉でも意味がちがって使われている言葉はたくさんあるよ。」

Aさん　「わたしは言葉についてみんなが本来の正しい意味で使うべきだと思うし、まちがっているものは正していくべきだと思うな。」

Bさん　「そうかな。わたしは言葉の意味は変わっていくものだし、その変化を受け入れていけばいいと思うな。」

Aさん　「言葉の意味はどうあるべきなんだろう。」

問　二人の会話に出てくる「言葉は本来の意味を使っていくべきだ」「言葉の意味は時代によって、変わっていってもよい」という二つの意見についてあなたはどう考えますか。
次の条件１・２にしたがって、３６０字以上４００字以内で書きなさい。

条件１　どちらの意見に賛成なのか、立場をはっきりさせて書くこと。
条件２　あなたが選んだ意見に賛成である理由を、資料からわかることを使って書くこと。

受験番号	

令和２年度

大阪市立咲くやこの花中学校入学者選抜

【 ものづくり（理工）分野 】

適性検査Ⅱ

10:55～11:55(60 分)

（注意）

1　検査開始の合図があるまで、中を開いて見てはいけません。

2　検査開始の合図で、受験番号をこの用紙と２枚の解答用紙のそれぞれに記入してください。解答はすべて解答用紙に書いてください。

3　解答用紙には自分の名前を書かないでください。

4　問題は、1 と 2 の２問です。

5　問題についての質問には答えませんが、印刷の悪いところがある場合は手をあげて検査室の係の人に知らせてください。

6　問題が終わっても、途中《とちゅう》で検査室から出てはいけません。

7　問題用紙を持ち帰ることはできません。

8　検査終了《しゅうりょう》の合図で、解答用紙の上にこの用紙を重ねて机の上に置き、何も持たずにろうかに出て指示があるまで待ってください。

9　その他、検査室の係の人に連絡《れんらく》があるときは、手をあげてください。

【 適性検査Ⅱ　ものづくり（理工）分野 】

1　さくやさん、このはさんの２人は、電化製品のパネルに図１のような光がついたり消えたりする７個の六角形があることを発見しました。

　次の資料は、２人の会話と調べた結果です。

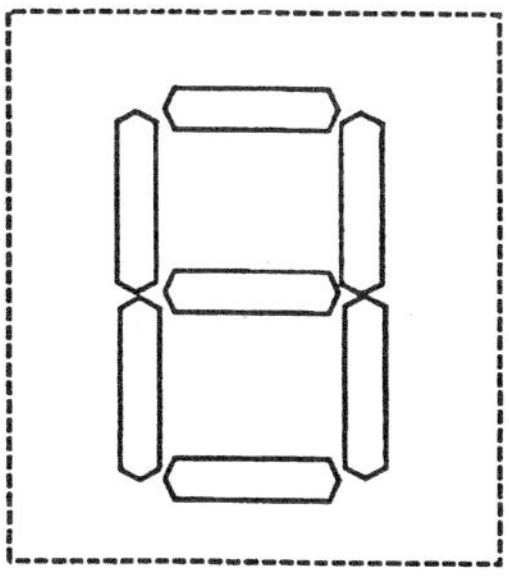

図１

【２人の会話】

さくや：７個の六角形に光がついたり消えたりすることで「数字」が表されているね。
このは：そうだね。０から９までの10個の「数字」が表されるみたいだね。
さくや：どうなっているか全部、調べてみようよ。
このは：そうだね。やってみよう。調べてまとめてみよう。

さくや：できたね。10個並べてみるとちがいが見えてくるね。

【数字を調べた結果】

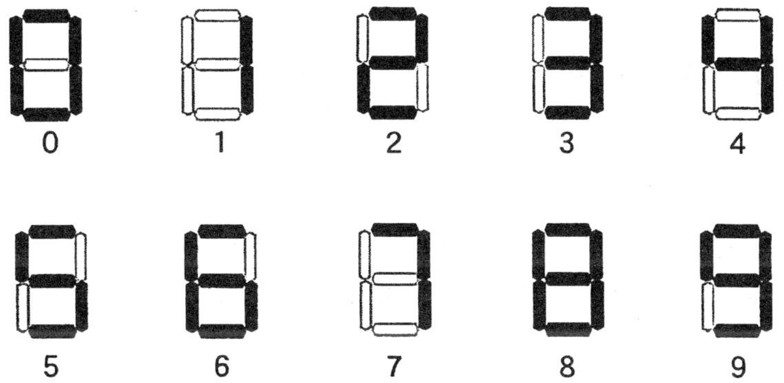

このは：この調べた結果を見ると、「数字」によって光がついている六角形の個数にちがいがあるようだね。
さくや：本当だね。
このは：六角形に最も多く光がついている「数字」は［　①　］で［　②　］個の六角形が光っているね。
さくや：逆に、六角形に最も少なく光がついている「数字」は［　③　］で［　④　］個の六角形が光っているね。
このは：もう少し色々調べられそうだね。
さくや：そうだね。もっと調べてみようよ。

（1）**【２人の会話】**の文中の ① ～ ④ の中に入る数を答えなさい。

２人は表された「数字」を下の図のように、対称《たいしょう》の軸《じく》や回転の中心を用意し、線対称な図形になるように移動させたり、点対称な図形になるように移動させたりしてみました。

【線対称】

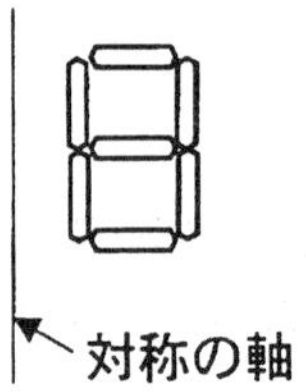

【点対称】

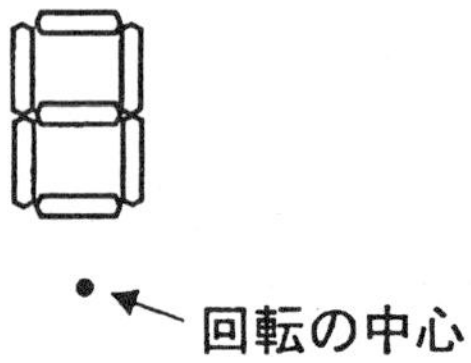

（2）線対称、点対称な図形になるように移動させたときの「数字」の表れ方について調べます。ただし、「数字」は**【２人の会話】**の**【数字を調べた結果】**と同じ場所が光ったものを「数字」とすること。

① 線対称な図形になるように移動させたとき、移動させる前と移動させた後で同じ「数字」になる「数字」をすべて答えなさい。

② 線対称な図形になるように移動させたとき、移動させる前と移動させた後で別の「数字」になる「数字」をすべて答えなさい。

③ 点対称な図形になるように移動させたとき、移動させる前と移動させた後で同じ「数字」になる「数字」をすべて答えなさい。

④ 点対称な図形になるように移動させたとき、移動させる前と移動させた後で別の「数字」になる「数字」をすべて答えなさい。

次に２人は、**図２**のように７個の六角形の場所にア～キの記号を付け、それぞれの「数字」によって光がついている六角形の場所を調べました。

下の**【表】**は、２人が「０」、「１」、「２」、「３」までの「数字」について調べた結果を表にまとめたものです。

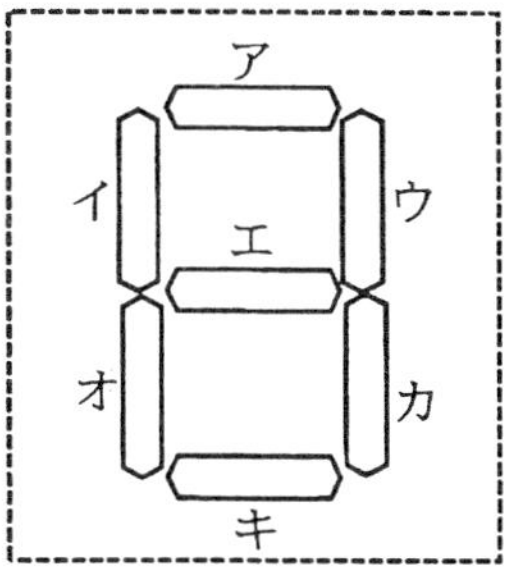

図２

【表】　○は光がついた場所を表す

「数字」／場所	0	1	2	3
ア	○		○	○
イ	○			
ウ	○	○	○	○
エ			○	○
オ	○		○	
カ	○	○		○
キ	○		○	○

最初どの六角形の部分にも光がついていない状態から、新しく光をつけたり、消したりしたときの変化のあった六角形の個数を調べると、「数字」を「１」→「２」→「３」と連続して表示していくとき、「１」で２個に光がつき、「２」で新しく４個に光がつき、１個の光が消えます。「３」で新しく１個に光がつき、１個の光が消え、六角形に光の変化のあった回数を数えると合計９回であることがわかりました。

ただし、つき続けている場合や消え続けている場合は回数として数えません。

（3）最初どの六角形の部分にも光がついていない状態から、「数字」を「２」→「３」→「４」と連続して表示していくとき、六角形に光の変化のあった回数は合計何回か答えなさい。

（4）最初どの六角形の部分にも光がついていない状態から、「数字」を「５」→「０」→「４」→「９」と連続して表示していくとき、六角形に光の変化のあった回数は合計何回か答えなさい。

（5）最初どの六角形の部分にも光がついていない状態から、異《こと》なる「数字」を連続して表示させたとき、２通りの「数字」で六角形に光の変化のあった回数が最も多くなりました。

このとき、次の［あ］、［い］および［う］、［え］に当てはまる２通りの「数字」をそれぞれ答えなさい。また、六角形に光の変化のあった回数を答えなさい。

［何もついていない］ ⇒ ［あ］ ⇒ ［い］

［何もついていない］ ⇒ ［う］ ⇒ ［え］

（6）２人は、光がついている六角形の個数が５個以上である「数字」だけを集め、そのうちの異なる３つの「数字」を順に百の位、十の位、一の位とならべて表示し、次の（例）のように３けたの整数を作りました。

（例）

百の位　十の位　一の位

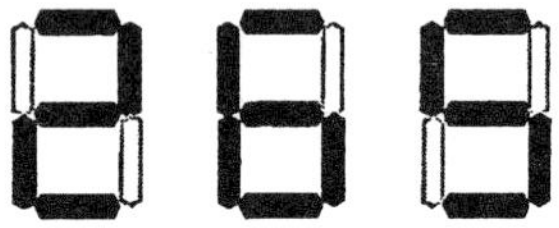

⇒ 265

①　表示することのできる３けたの整数は全部で何種類か答えなさい。

②　表示することのできる３けたの整数を大きい順にならべたとき、87 番目の整数を答えなさい。

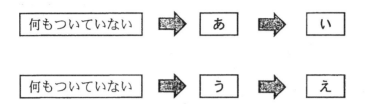

受験番号	

令和２年度

大阪市立咲くやこの花中学校入学者選抜

【 芸術（美術・デザイン）分野 】

適性検査Ⅱ

10:55～11:55（60分）

（注意）

1　検査開始の合図があるまで、中を開いて見てはいけません。

2　検査開始の合図で、受験番号をこの用紙と２枚の解答用紙の裏面それぞれに記入してください。解答はすべて解答用紙に書いてください。

3　解答用紙には自分の名前を書かないでください。

4　問題は、1 と 2 の２問です。

5　問題についての質問には答えませんが、印刷の悪いところがある場合は手をあげて検査室の係の人に知らせてください。

6　問題が終わっても、途中《とちゅう》で検査室から出てはいけません。

7　問題用紙を持ち帰ることはできません。

8　検査終了《しゅうりょう》の合図で、解答用紙の上にこの用紙を重ねて机の上に置き、何も持たずにろうかに出て指示があるまで待ってください。

9　その他、検査室の係の人に連絡《れんらく》があるときは、手をあげてください。

2020(R2) 咲くやこの花中
教英出版

【30m走】（運動場が使用できないとき）

＜方法＞＜記録＞については、50m走に準じ、体育館で実施します。

2【立ち幅とび】

＜方法＞

(1) 両足を軽く開いて、つま先が踏切り線の前端にそろうように立ちます。

(2) 両足で同時に踏み切って前方へとびます。

＜記録＞

(1) 身体が測定用マットに触れた位置のうち、もっとも踏切り線に近い位置と、踏切り前の両足の中央の位置（踏切り線の前端）とを結ぶ直線の距離を計測します。

（※ 測定用マットを使用し、屋内で実施）

(2) 記録はセンチメートル単位とし、センチメートル未満は切り捨てます。

(3) ２回実施してよい方の記録をとります。

令和2年度大阪市立中高一貫校入学者選抜【共通】【適性検査Ⅰ】解答用紙

1

問1

A

B

C

問2

問3

(1)

(2)

問4

問5

※50点満点

受験番号	

※この線より下の欄《らん》には記入しないこと

/25

/3

/2

劇《げき》　　　　分、　合唱　　　　分

(5)

分

(6)

(7)

劇…　　　　クラス、　合唱…　　　　クラス

/ 4

(5)

/ 4

(6)

/ 4

(7)

/ 4

令和2年度大阪市立咲くやこの花中学校入学者選抜　【適性検査Ⅱ　言語分野】　解答用紙

1

100

※80点満点

受験番号	

※下の欄《らん》には記入しないこと

/40		

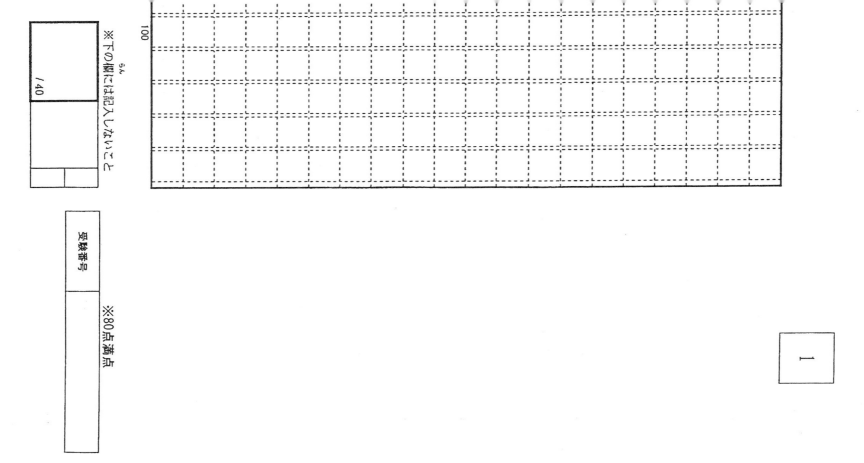

400　360　300　200

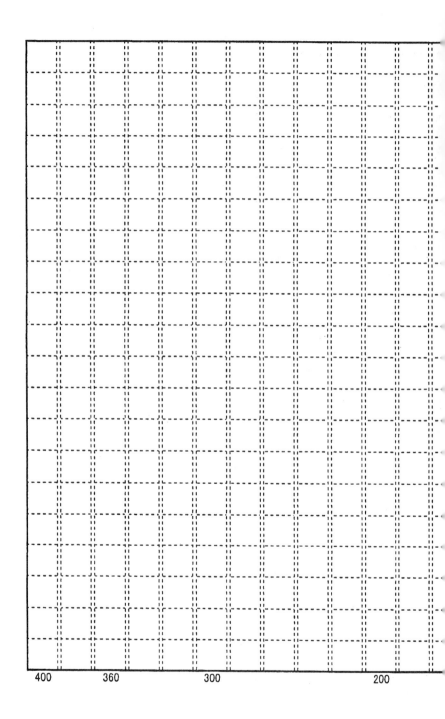

(4)

回

(5)

あ □　い □

う □　え □　回数 □ 回

(6)

① □ 種類

② □

(4) /3

(5) /10

(6) /8

(3)

℃

(4)

g

(5)

%

(6)

%

(3)

/4

(4)

/4

(5)

/4

(6)

/5

解】

40点

1

※80点満点

芸術適Ⅱ－2 解答用紙

40点

2

芸術適Ⅱ－1 解答用紙

(7)

	g

(8)

	g

(9)

	回

ものづくり適II－2

(7)

/5		

(8)

/5		

(9)

/5		

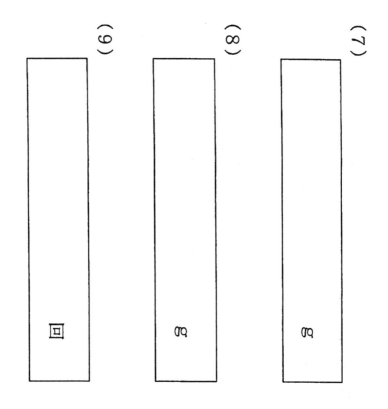

令和２年度大阪市立咲くやこの花中学校入学者選抜【適性検査Ⅱものづくり（理工）分野】解答用紙

受験番号	

/40		

※この線より右の欄《らん》には記入しないこと

2

（１）たくさん取り出せる物質

理由

（２）

（１）完答

/4		

（２）

【解

令和２年度大阪市立咲くやこの花中学校入学者選抜【適性検査Ⅱものづくり（理工）分野】解答用紙

受験番号	

※80点満点

1

（１）①　②　③　④

（２）①　②

③　④

（３）

※この線より右の欄《らん》には記入しないこと

/40

（１）　/８

（２）　/８

（３）

【解

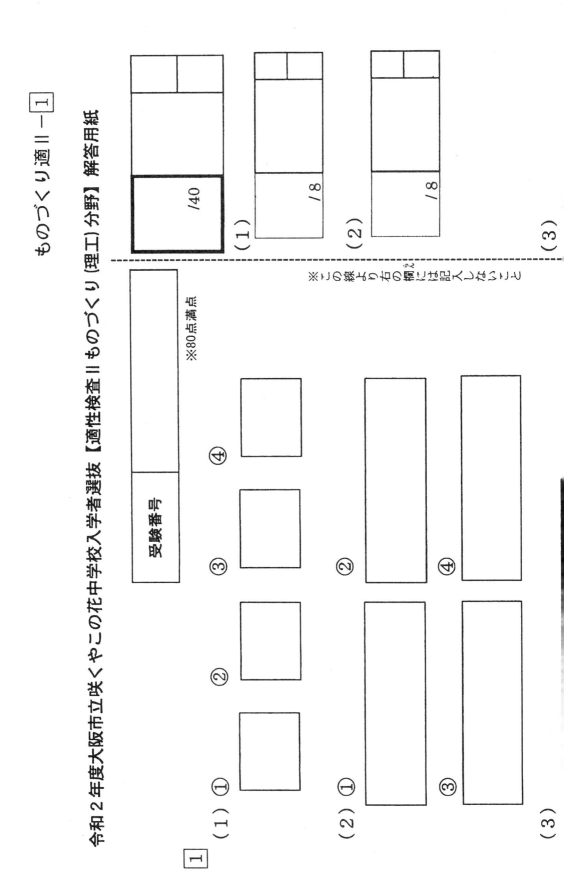

令和2年度大阪市立咲くやこの花中学校入学者選抜　【適性検査Ⅱ　言語分野】　解答用紙

2

〇選んだことわざの番号

100

※下の欄《らん》には記入しないこと

/40

受験番号

言語適Ⅱ－1

400 360 300 200

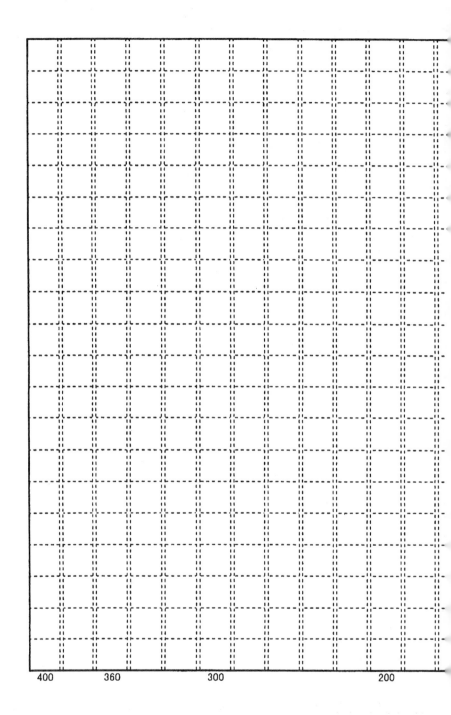

適Ⅰ－2

令和２年度大阪市立中高一貫校入学者選抜【共通】【適性検査Ⅰ】解答用紙

受験番号	

2

（1）

通り

（2）

分

（3）

分　　　　秒

※この線より右の欄《らん》には記入しないこと

/ 25

（1） / 3

（2） / 3

（3） / 3

適Ⅰ－1

320　280　200　100

/10		/4		/4		/

◆ 「スポーツ分野」検査種目

1	50m走（運動場が使用できるとき） または、30m走（運動場が使用できないとき）
2	立ち幅とび

※ 文部科学省「新体力テスト実施要項（6～11歳対象）」（下記）を参考に、実施します。

1【50m走】（運動場が使用できるとき）

＜方法＞

(1) スタートはスタンディングスタートの要領で行います。

(2) スタート合図は、「位置について」、「用意」の後、音または声を発すると同時に旗を下から上へ振り上げることによって行います。

＜記録＞

(1) スタートの合図からゴールライン上に胴（頭、肩、手、足ではない）が到達するまで

【芸術（美術・デザイン）分野】

1 あなたはクラスの友だちと一緒《しょ》に、理科室で学習しています。あなたと友だちが器具を使って、観察や実験をしている様子がわかるように、色えんぴつでかきなさい。

＊解答用紙は、縦《たて》長に使っても横長に使ってもどちらでもかまいません。

2 理科室の出入り口に、漢字の「理」をデザインした文字を表示することになりました。理科室をイメージさせるような文字をデザインし、色えんぴつでかきなさい。

＊デザインについては、解答用紙の方眼を活用してもよい。

【 適性検査Ⅱ　ものづくり（理工）分野 】

2　物質（もの）を水にとかすとき、物質のとける量は「水の重さ」と「水の温度」で決まります。

右のグラフは、物質Ａと物質Ｂをそれぞれ水 100ｇにとかしたとき、「水の温度」と「物質が水 100ｇにとける最大の重さ」との関係を表しています。ある決まった量の水に物質をとかしていき、物質がそれ以上とけることができなくなった状態を「ほう和」しているといい、その状態の水よう液を「ほう和水よう液」といいます。

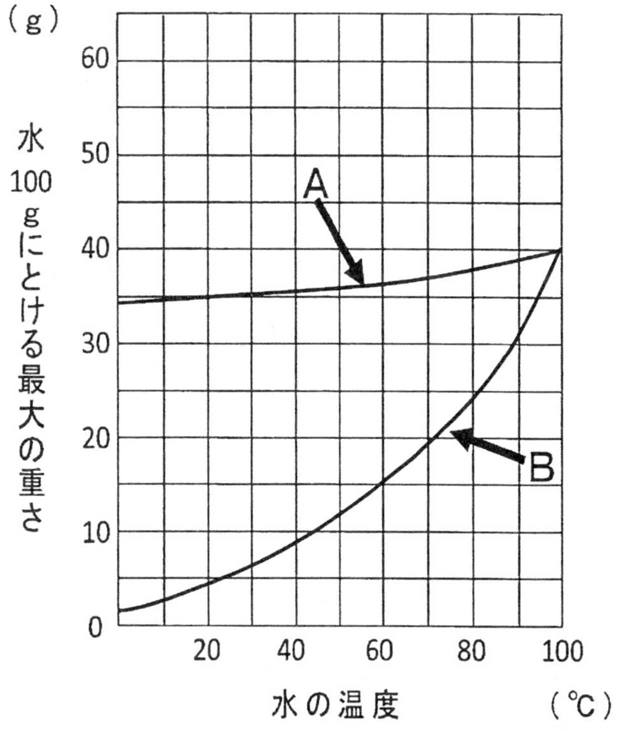

これについて、次の（１）～（９）の問いに答えなさい。ただし、ふっとうや蒸発《じょうはつ》により水は失われないものとします。

（１）ほう和水よう液を冷やしたとき、とけていた物質をたくさん取り出せるのは物質Ａと物質Ｂのどちらですか。また、そのように考えた理由を答えなさい。

（２）60℃の水 50ｇに、物質Ｂを３ｇとかしました。この水よう液を 100℃まであたためたとき、物質Ｂはあと何ｇとかすことができるか答えなさい。

（３）100℃の水 250ｇに物質Ｂを 37.5ｇとかしました。この水よう液を冷やしていくと、物質がとけきれなくなって出てくるのは何℃か答えなさい。

（４）100℃の物質Ｂのほう和水よう液 112ｇを 60℃まで冷やしたとき、とけきれない物質Ｂを何ｇ取り出すことができるか答えなさい。

水よう液の中にどれくらいの割合《わりあい》で物質がとけているか表したものを水よう液のこさといい、次の公式で求めることができます。これについて、以下の問いに答えなさい。

水よう液のこさ（％）＝とけている物質の重さ（ｇ）÷ 水よう液の重さ（ｇ）× 100

（５）60℃で物質Ｂのほう和水よう液をつくったとき、このほう和水よう液のこさは何％になるか答えなさい。ただし、答えがわりきれない場合は、小数第１位を四捨五入《ししゃごにゅう》して、整数で答えなさい。

（６）こさが 10％の物質Ｂの水よう液を 150ｇ作り、この水よう液にこさが５％の物質Ｂの水よう液を 100ｇ加えました。よく混ぜ合わせたあとの物質Ｂの水よう液のこさは何％になるか答えなさい。

（７）こさが８％の物質Ａの水よう液 200ｇに水を何ｇか加えたところ、こさが５％になりました。加えた水の量は何ｇか答えなさい。

（８）こさが５％の物質Ａの水よう液 60ｇにこさが 10％の物質Ａの水よう液を何ｇか加えて混ぜ合わせて、こさが８％の水よう液を作りました。このとき、10％の物質Ａの水よう液を何ｇ加えたか答えなさい。

（９）こさが 10％の物質Ｂの水よう液があります。この水よう液の全体の重さの 10 分の１を捨《す》て、捨てた水よう液と同じ重さの水を加えて、十分に混ぜ合わせます。この作業を最低何回くり返せば、水よう液のこさは５％以下になるか答えなさい。

【適性検査Ⅱ　言語分野】

2 卒業にあたり、下級生に小学校生活を有意義に過ごしてもらうため、ことわざを使ったメッセージをおくることになりました。あとの五つのことわざから一つ選び、次の条件１・２にしたがって、３６０字以上４００字以内でメッセージを書きなさい。

条件１　ことわざの意味を書くこと。

条件２　自分の体験を書くこと。

ことわざ

① 石の上にも三年

② 急がば回れ

③ 転ばぬ先のつえ

④ 良薬は口に苦し

⑤ ちりも積もれば山となる

2020(R2) 咲くやこの花中
K 教英出版

【通

2 よしこさんの小学校は、5、6年生で10クラスあります。今年の学習発表会では、10クラスが劇《げき》または合唱のどちらかの発表を行うことになっています。ただし、各クラスの発表は1回のみです。

各クラスの代表児童は、発表の進行案を考えるために集まり、話し合いをすることにしました。

（1）劇をするクラスと合唱をするクラスの数の組み合わせは何通りあるか答えなさい。

1回目の話し合いでは、次のような条件に従《したが》って、発表の進行案を考えることにしました。

＜条件＞ ①午前9時に最初のクラスが発表を始めて、学習発表会全体で3時間15分となるようにする。

②1クラスあたりの発表時間はすべて同じとする。

③各クラスの発表と発表の間の休けい時間は5分とする。

9：00　　　　　　　　　　　　12：15

発表1	休けい	発表2	休けい	・・・・・・・・・・・・・・・・・・・・	発表10

（2）この条件に合うためには、１クラスあたりの発表時間を何分に決めればよいか答えなさい。

（3）１クラスあたりの発表時間を 18 分にするためには、休けい時間を何分何秒に変こうすればよいか答えなさい。

次に、２回目の話し合いで、休けい時間については初めの条件である５分間のままとするが、劇のほうが合唱より時間がかかるので、＜条件＞②を次のように変こうしました。

> ＜条件＞②の変こう
>
> １クラスあたりの劇の発表時間は合唱の発表時間より５分長いものとする。

この条件で希望を聞いてみたところ、４クラスが劇、６クラスが合唱を行うことがわかりました。

（4）このとき、劇と合唱の発表時間をそれぞれ何分に決めればよいか答えなさい。

次に、（4）で決めた発表時間をもとに、リハーサルを行いました。すると、実際には劇、合唱ともにさらに時間がかかり、全体では 26 分足りなくなりました。

（５）合唱の発表時間が１クラスあたり３分ずつこえていたとすると、劇の発表時間は１クラスあたり何分ずつこえていたか答えなさい。

さらに３回目の話し合いを行い、最終的に次のような条件にしました。

＜条件＞　１クラスあたりの劇の発表時間を 20 分、合唱の発表時間を 15 分とし、発表の間の休けい時間は５分のまま変えず、午前９時に最初のクラスが発表を始めて、学習発表会全体で３時間 30 分となるようにする。

（６）この条件をそのまま式に表すと、どのような式になりますか。劇を発表するクラスの数を□として、□を使った式を答えなさい。

（７）この条件に合うようにクラスの数を考えるとき、劇を発表するクラスと合唱を発表するクラスの数はそれぞれ何クラスになるか答えなさい。

受験番号	

平成 31 年度

大阪市立中高一貫校入学者選抜【共通】

(咲くやこの花中学校・水都国際中学校)

適性検査Ⅰ

9:40～10:25(45 分)

(注意)

1 検査開始の合図があるまで、中を開いて見てはいけません。

2 検査開始の合図で、受験番号をこの用紙と２枚の解答用紙のそれぞれに記入してください。解答はすべて解答用紙に書いてください。

3 解答用紙には自分の名前を書かないでください。

4 問題は、1 と 2 の２問です。

5 問題についての質問には答えませんが、印刷の悪いところがある場合は手をあげて検査室の係の人に知らせてください。

6 問題が終わっても、途中《とちゅう》で検査室から出てはいけません。

7 問題用紙を持ち帰ることはできません。

8 検査終了《しゅうりょう》の合図で、解答用紙の上にこの用紙を重ねて机の上に置き、何も持たずにろうかに出て指示があるまで待ってください。

9 検査室の係の人の指示が出てから、休憩《きゅうけい》をしてください。

10 その他、検査室の係の人に連絡《れんらく》があるときは、手をあげてください。

【適性検査Ⅰ】

[1] 次の文章を読んで、あとの問いに答えなさい。

人間がコンピューターに勝つためにはどうしたらよいか。

その方法は「考える」こと。コンピューターは「記憶《きおく》する」ことにかけてはＡデキなしだが、「考える」ことを知らない。よく、プロの棋士《きし》と碁《ご》を打ってコンピューターが勝ったなんていうニュースを耳にする。コンピューターが考えているわけじゃない。知識として大量のデータを記憶しているのである。

本当の意味で「考える」ということは、日本人だけでなく、現代を生きる人間にとっても極めて難《むずか》しい。（　1　）、われわれは「知識」をもっているからだ。

知識があるＢテイ度まで増えると、自分の頭で考えるまでもなくなる。知識を利用して、問題を処理《しょり》できるようになる。借り物の知識でなんとか問題を解決してしまう。

もちろん知識は必要である。何も知らなければただの①無為《むい》で終わってしまう。ただ、知識は多ければ多いほどいいと喜ぶのがいけない。よい知識を適量、しっかり頭の中に入れて、それを基《もと》にしながら自分の頭でひとが考えないことを考える力を身につける。

ところが、である。ふり廻《まわ》されないためには、よけいな知識はほどよく忘《わす》れなければならない。（　2　）、この「忘れる」ことがＣイ外に難しい。

学校の生徒で、勉強において「忘れてもいい」と言われたことはあるだろうか？もちろん、今の学校教育ではそんなことは言わない。ともすれば「忘れてはいけない」と教え込《こ》む。すくなくとも、「どうしたらうまく忘れるか」などという学校はないはずだ。

しかし実は、「[3]」のと同じくらいに、「[4]」ことが大事で、しかも難しい。この「忘れる」ことによって、人間がコンピューターに勝っているのである。コンピューターは「覚える」のが得意な反面、「忘れる」のはたいへん苦手。人間のように、うまく忘れるということができない。

そもそも未知なものに対しては、借り物の知識などでは役に立たないのが当たり前だ。それまでの知識から外れた、わけのわからないモノゴトを処理、解決するには、ありきたりの知識では役に立たない。いったん捨《す》てて、新しい考えをしぼり出す力が必要となる。そういう思考力を身につけられれば、コンピューターがどんなに発達しようと、人間が存在価値《そんざいかち》を見失うことはないだろう。

（外山滋比古著『何のために「学ぶ」のか』所収「知ること、考えること」ちくまプリマー新書より）

① 無為《むい》　　何もしないでいること。

問1　本文中のA～Cの――部は、どのような漢字を使って書きますか。――部と同じ漢字を――部に使って書く文として最も適切なものを、次のア～ウの中からそれぞれ選び、記号で答えなさい。

A
ア　積極テキに参加する。
イ　代表に最テキな人を選ぶ。
ウ　あのチームは強テキだ。

B
ア　修学旅行の日テイを確かめる。
イ　高テイ差がある土地だ。
ウ　テイ価は三〇〇円だ。

C
ア　今イ上の記録をめざしてがんばる。
イ　目標をイ識して練習する。
ウ　つくえのイ置を整える。

問2　得意の反対の意味を持つ言葉を本文中からぬき出しなさい。

問3　本文中の（　1　）・（　2　）に入る最も適切な言葉を、次のア～オからそれぞれ選び、記号で答えなさい。

ア　つまり　　イ　しかし　　ウ　だから　　エ　このように　　オ　なぜなら

問4　［3］・［4］に入る言葉の組合せとして最も適切なものを、次のア～エの中から選び、記号で答えなさい。

ア　3　考える・4　覚える
イ　3　忘れる・4　覚える
ウ　3　忘れる・4　考える
エ　3　覚える・4　忘れる

問5　筆者が「ただ、知識は多ければ多いほどいいと喜ぶのがいけない。」と考える理由を「知識が多すぎると、」に続ける形で、本文中の言葉を使って、30字以上40字以内で答えなさい。（「知識が多すぎると、」は字数にふくまない。）

問6　「人間がコンピューターに勝つためにはどうしたらよいか。」について、筆者の意見をふまえ、あなたの考えを280字以上320字以内で書きなさい。

受験番号	

平成 31 年度

大阪市立咲くやこの花中学校入学者選抜

【 言語分野 】

適性検査Ⅱ

10:45～11:45(60 分)

（注意）

1　検査開始の合図があるまで、中を開いて見てはいけません。

2　検査開始の合図で、受験番号をこの用紙と２枚の解答用紙のそれぞれに記入してください。解答はすべて解答用紙に書いてください。

3　解答用紙には自分の名前を書かないでください。

4　問題は、[1] と [2] の２問です。

5　問題についての質問には答えませんが、印刷の悪いところがある場合は手をあげて検査室の係の人に知らせてください。

6　問題が終わっても、途中《とちゅう》で検査室から出てはいけません。

7　問題用紙を持ち帰ることはできません。

8　検査終了《しゅうりょう》の合図で、解答用紙の上にこの用紙を重ねて机の上に置き、何も持たずにろうかに出て指示があるまで待ってください。

9　その他、検査室の係の人に連絡《れんらく》があるときは、手をあげてください。

1 次の資料は、全国の16歳《さい》以上の人を対象に、国語に関する意識や理解の現状について調査した結果の一部です。

あなたは、これからどのように敬語《けいご》を使っていきたいですか。次の条件1・2にしたがって、あなたの考えを３６０字以上４００字以内で書きなさい。

条件１　２つの資料の内容にふれること

条件２　これまでの経験をふまえること

【資料１】敬語を使うことが、人間関係を作っていくのに、かえってマイナスになると感じることがあるか。

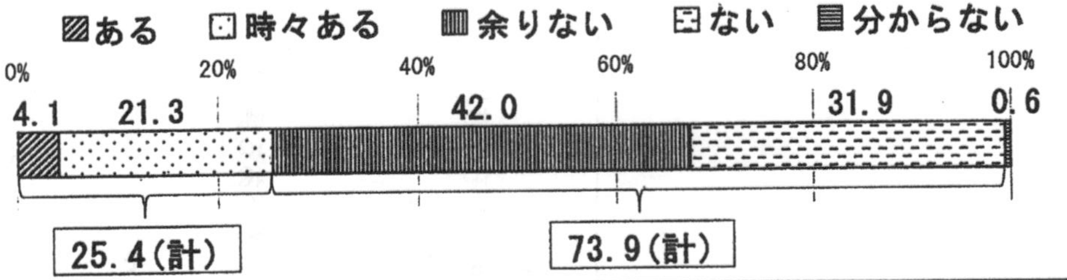

【資料２】敬語を使うことが、人間関係を作っていくのに、マイナスと感じるのはどのようなときか。

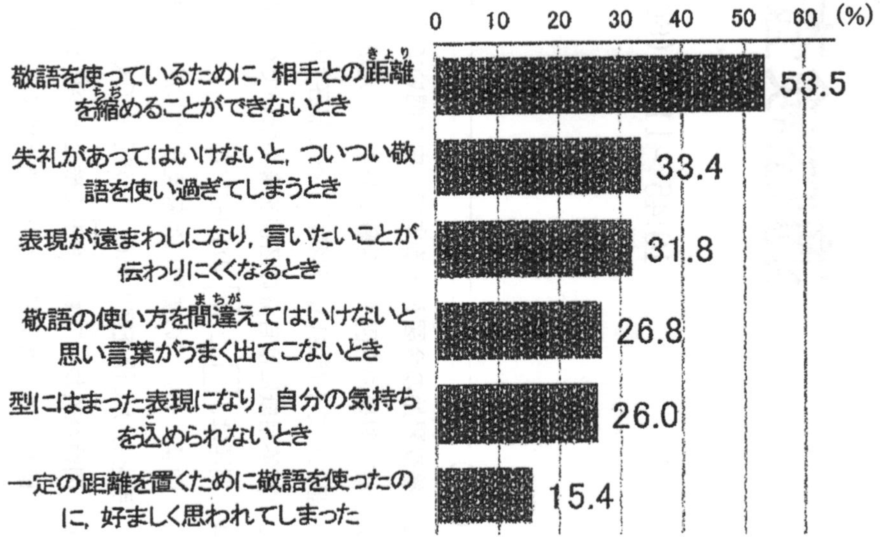

〔資料〕文化庁　平成28年度「国語に関する世論《よろん》調査」の結果より

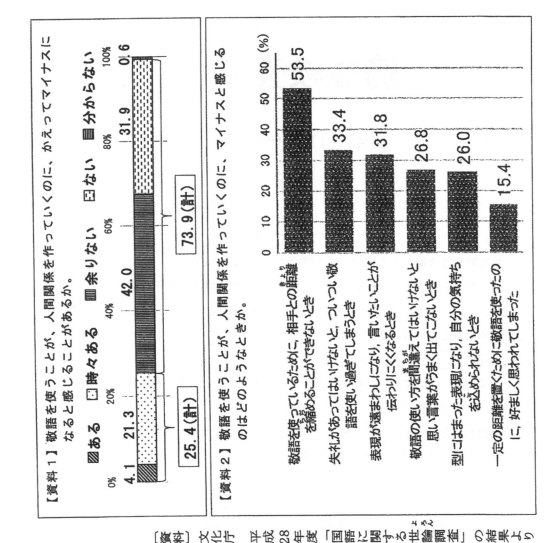

受験番号	

平成31年度
大阪市立咲くやこの花中学校入学者選抜
【 ものづくり（理工）分野 】

適性検査Ⅱ

10:45～11:45（60分）

（注意）

1　検査開始の合図があるまで、中を開いて見てはいけません。

2　検査開始の合図で、受験番号をこの用紙と２枚の解答用紙のそれぞれに記入してください。解答はすべて解答用紙に書いてください。

3　解答用紙には自分の名前を書かないでください。

4　問題は、1 と 2 の２問です。

5　問題についての質問には答えませんが、印刷の悪いところがある場合は手をあげて検査室の係の人に知らせてください。

6　問題が終わっても、途中《とちゅう》で検査室から出てはいけません。

7　問題用紙を持ち帰ることはできません。

8　検査終了《しゅうりょう》の合図で、解答用紙の上にこの用紙を重ねて机の上に置き、何も持たずにろうかに出て指示があるまで待ってください。

9　その他、検査室の係の人に連絡《れんらく》があるときは、手をあげてください。

[適性検査Ⅱ　ものづくり（理工）分野]

1　下図のような、水が入る容器があります。この容器は縦《たて》5㎝、横16㎝、高さ10㎝の直方体の中に、2つの直方体の仕切りがあります。この仕切りには水が入らないようになっています。

辺ＡＥと辺ＢＦには、それぞれ水の入った高さがわかるように目盛《も》りⅠ、目盛りⅡがつけられています。この容器の上から1時間あたり1Ｌずつ水を入れていきます。水は下図の底面ＥＩＪＨに向けて一定の量で注がれていきます。

ただし、水を注いだときと水が流れるときの水面のゆれや水が仕切りの表面を流れる時間は考えないものとします。

このとき、次の（1）～（6）の問いに答えなさい。

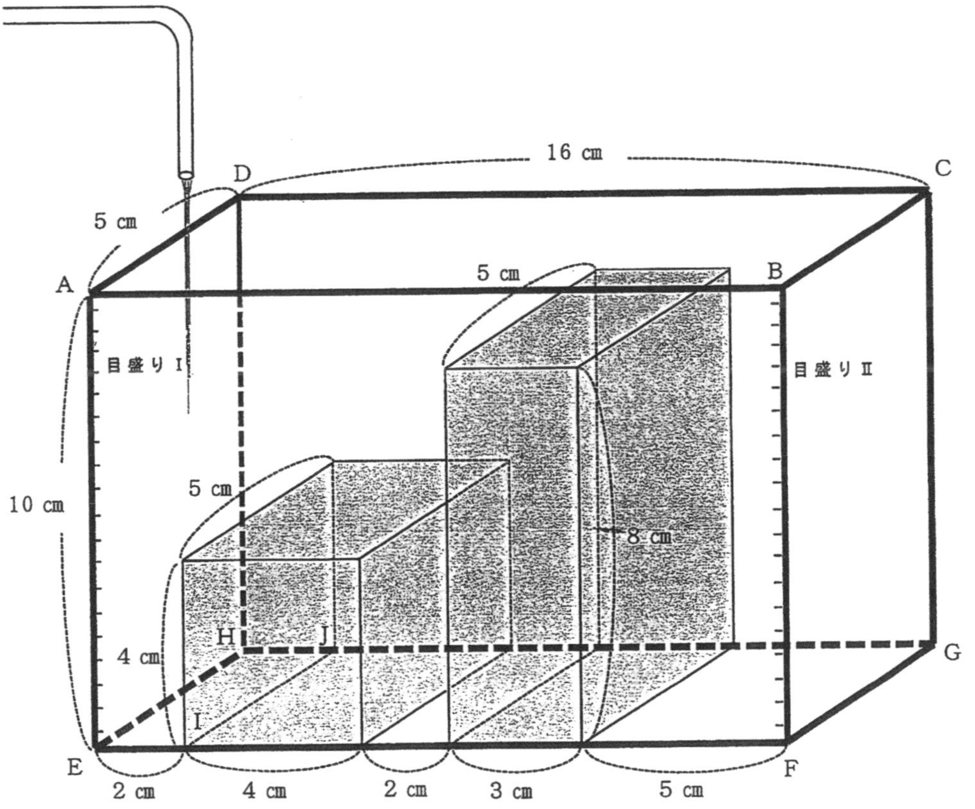

（1）この容器が水で満たされていく様子を、グラフの縦じくを容器にある目盛りⅠの水の高さ、横じくを時間として表したとき、最も近いグラフは次のア、イ、ウ、エのうちどれか答えなさい。

ア　　　　イ　　　　ウ　　　　エ

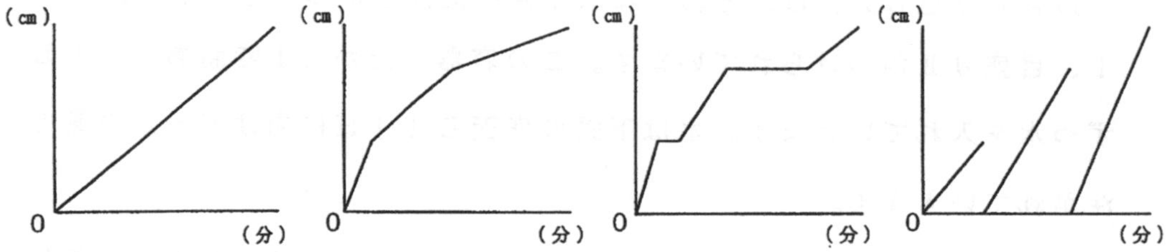

（2）この容器を水で満たします。

①　この容器に水を入れることができる容積は何 mL か答えなさい。

②　この容器が水で満たされるのは、水を入れ始めてから何分後か答えなさい。

（3）目盛りⅠの水の高さが３cmとなるのは、水を入れ始めてから何分何秒後か答えなさい。

（４）**目盛りⅡ**の水の高さが３㎝となるのは、水を入れ始めてから何分何秒後か答えなさい。

（５）水を入れ始めてから 24 分たったとき、**目盛りⅡ**の水の高さは何㎝か答えなさい。

（６）**目盛りⅠ**、**目盛りⅡ**がともに同じ水の高さを示すのは何分何秒間あるか答えなさい。

［ 適性検査Ⅱ　ものづくり（理工）分野 ］

2　図１のように、ばねにおもりをつるし、おもりの重さとばねの長さとの関係を調べる実験を行いました。ばねにおもりをつるしていないときのばねの長さを「もとの長さ」、おもりをつるしてもとの長さからのびて長くなった部分を「ばねののび」とします。

この実験では、「もとの長さ」と「ばねののび」がそれぞれ異なる２つのばねＡとばねＢを用いました。ばねＡの結果は図２のグラフのようになり、ばねののびはおもりの重さに比例することがわかりました。このとき、次の（１）～（６）の問いに答えなさい。

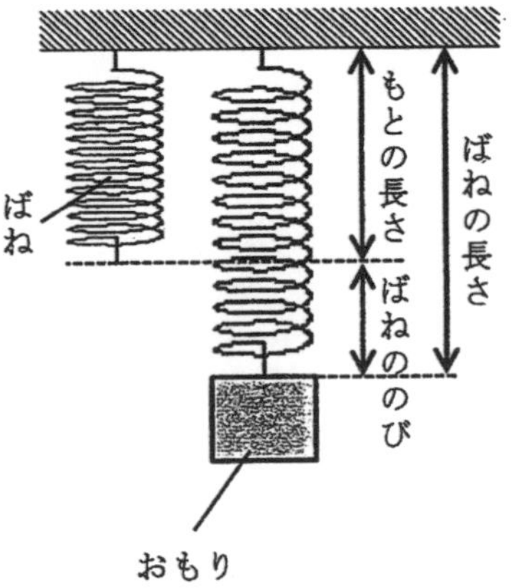

図１

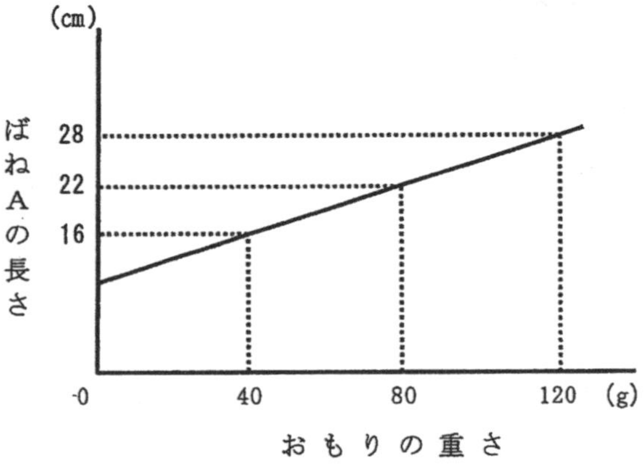

図２

（１）おもりをつるしていないとき、ばねＡのもとの長さは何cmになるか答えなさい。

（２）おもりの重さとばねＢの長さとの関係を調べると、次の表のような結果になりました。表の結果をもとにして、おもりの重さとばねＢののびとの関係を、解答用紙のグラフに表しなさい。

おもりの重さ（ｇ）	0	40	80	120
ばねＢの長さ（cm）	15	23	31	39

受験番号	

平成 31 年度

大阪市立咲くやこの花中学校入学者選抜

【 芸術（美術・デザイン）分野 】

適性検査Ⅱ

10:45～11:45(60 分)

（注意）

1　検査開始の合図があるまで、中を開いて見てはいけません。

2　検査開始の合図で、受験番号をこの用紙と２枚の解答用紙の裏面それぞれに記入してください。解答はすべて解答用紙に書いてください。

3　解答用紙には自分の名前を書かないでください。

4　問題は、1 と 2 の２問です。

5　問題についての質問には答えませんが、印刷の悪いところがある場合は手をあげて検査室の係の人に知らせてください。

6　問題が終わっても、途中《とちゅう》で検査室から出てはいけません。

7　問題用紙を持ち帰ることはできません。

8　検査終了《しゅうりょう》の合図で、解答用紙の上にこの用紙を重ねて机の上に置き、何も持たずにろうかに出て指示があるまで待ってください。

9　その他、検査室の係の人に連絡《れんらく》があるときは、手をあげてください。

受験番号	

平成31年度

大阪市立咲くやこの花中学校入学者選抜

【芸術（美術・デザイン）分野】

適性検査Ⅱ

(3)　２回実施してよい方の記録をとります。

【30m走】（運動場が使用できないとき）

＜方法＞＜記録＞については、50m走に準じ、体育館で実施します。

２【立ち幅跳び】

＜方法＞

(1)　両足を軽く開いて、つま先が踏み切り線の前端にそろうように立ちます。

(2)　両足で同時に踏み切って前方へとびます。

＜記録＞

(1)　身体が測定用マットに触れた位置のうち、もっとも踏み切り線に近い位置と、踏み切り前の両足の中央の位置（踏み切り線の前端）とを結ぶ直線の距離を計測します。（※ 測定用マット使用）

(2)　記録はセンチメートル単位とし、センチメートル未満は切り捨てます。

(3)　２回実施してよい方の記録をとります。

大阪市立中高一貫校入学者選抜【共通】

【適性検査Ⅰ】解答用紙

1

問1

A

B

C

問2

問3

1

2

問4

問5

知識が多すぎると、

※50点満点

受験番号	

※この線より下の欄《らん》には記入しないこと

/25

/3

/2

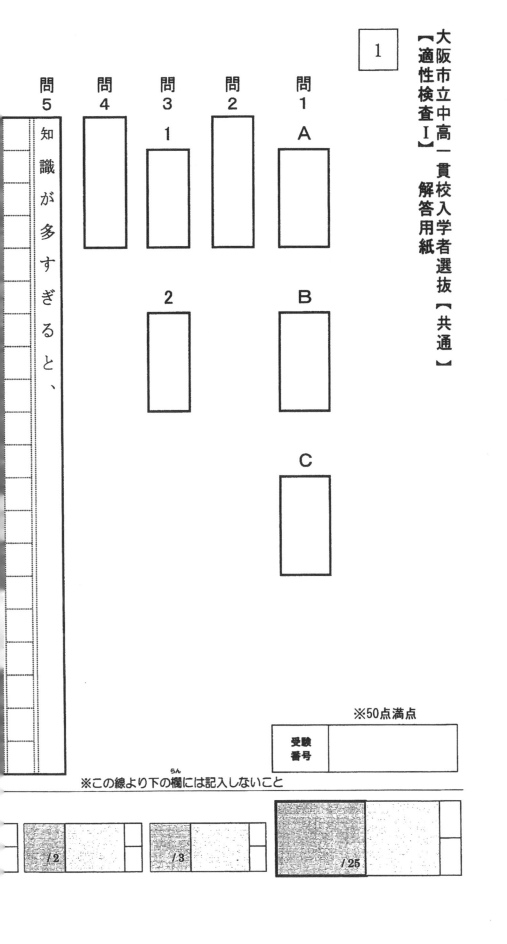

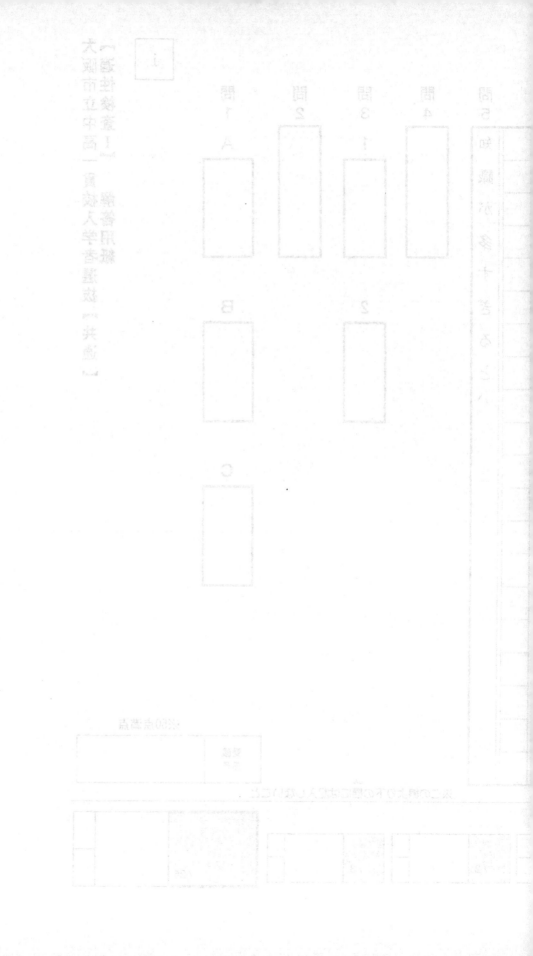

(理由)

サクラさんが買った店

店

筆箱の値段

12 月に売っていたねだんの　　　%引き

２つ合わせた代金

円

/5

【解答

平成31年度大阪市立咲くやこの花中学校入学者選抜【適性検査Ⅱ　言語分野】解答用紙

1

100

※下の欄《らん》には記入しないこと

/40		

※80点満点

受験番号	

言語適Ⅱ－2

400 360 300 200

【解答

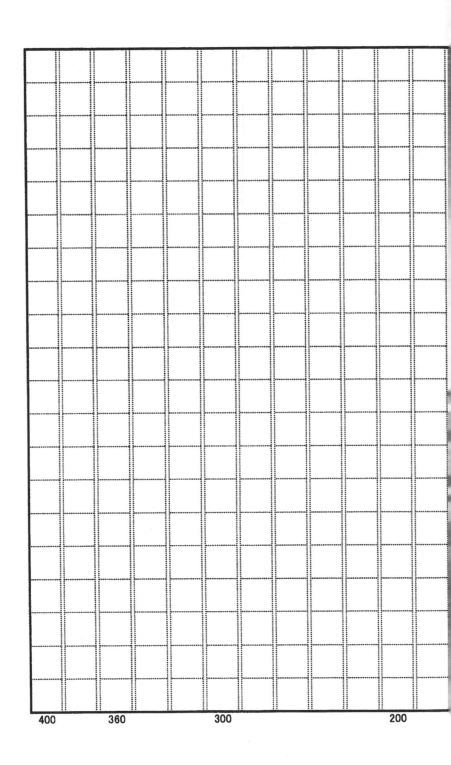

分　　　秒後

(4)

分　　　秒後

(5)

cm

(6)

分　　　秒間

/7

(4)

/7

(5)

/7

(6)

/8

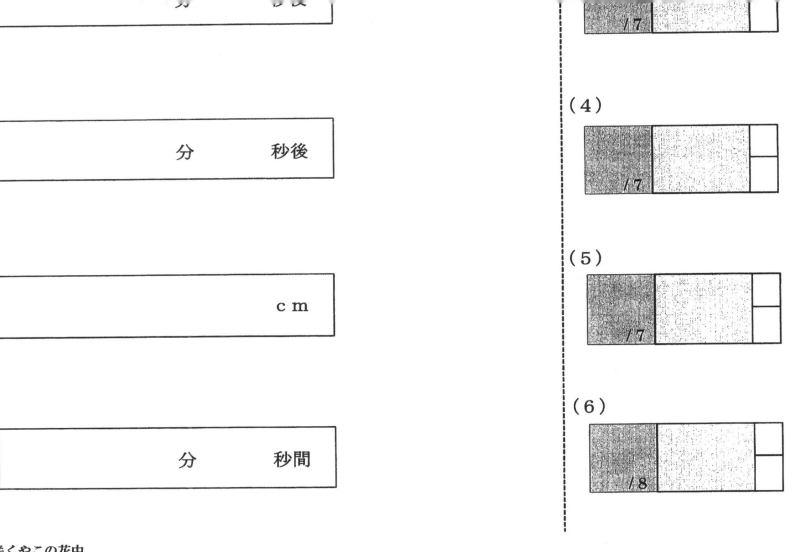

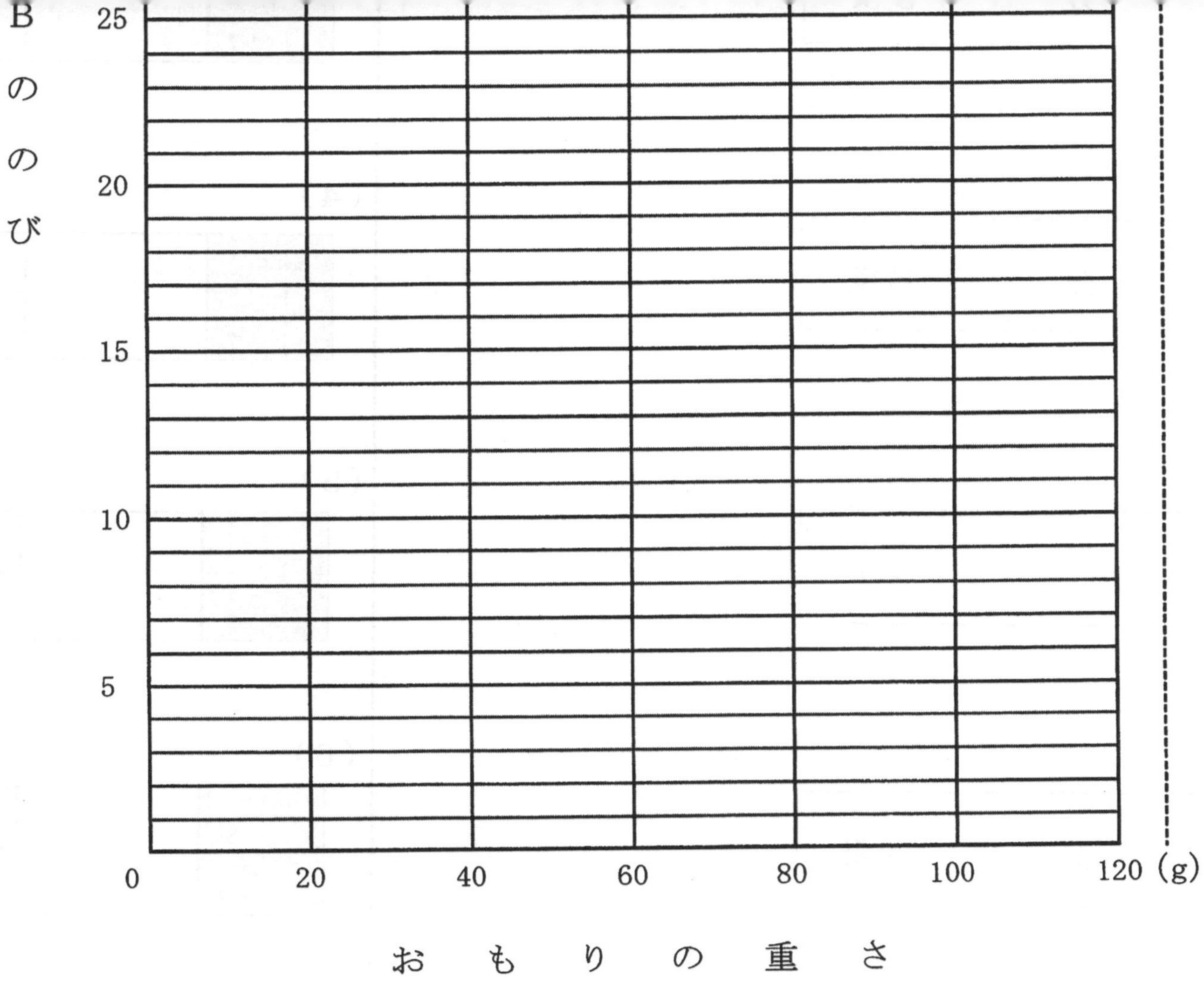
Bののび
25
20
15
10
5
0
20
40
60
80
100
120 (g)
おもりの重さ

番

ばねBの長さ

cm

（6）おもりHの重さ

g

ばねAの長さ

cm

/4

/4

（6）

/4

/4

40点

1

欄には記入しない。　受験番号は裏《うら》に書きなさい。　※80点満点

40点

2

（受験番号を記入しなさい。）

③

答をかかない

受験番号

表

2019(H31) 咲くやこの花中

教英出版

【解答

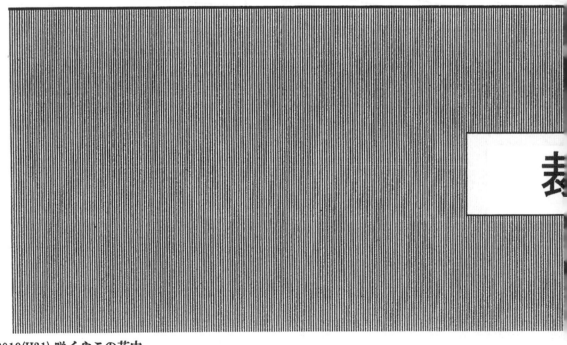

断

芸術適Ⅱ－2 解答用紙

①

②

こちらの面には

裁

受験番号	

芸術適Ⅱ－1 解答用紙

【解答

ものづくり適Ⅱ－2

（3）ばねAの長さ

cm

ばねBの長さ

cm

（4）おもりDの重さ

g

おもりEの重さ

g

（3）

/4

/4

（4）

/4

/4

【解答

400 360 300 200

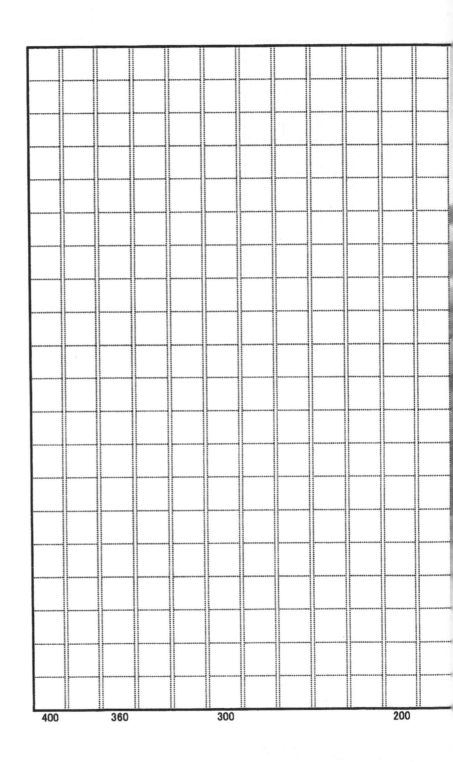

平成31年度大阪市立咲くやこの花中学校入学者選抜【適性検査Ⅱ　言語分野】解答用紙

2

100

受験番号	

※下の欄《らん》には記入しないこと

/40

平成31年度大阪市立咲くやこの花中学校入学者選抜【適性検査Ⅱものづくり(理工)分野】解答用紙

受験番号	

1

（1）

（2）①

mL

②

分後

※この線より右の欄《らん》には記入しないこと

※80点満点

/40

（1）

/5

（2）①

/3

②

/3

【解答

平成31年度大阪市立咲くやこの花中学校入学者選抜【適性検査Ⅱものづくり（理工）分野】解答用紙

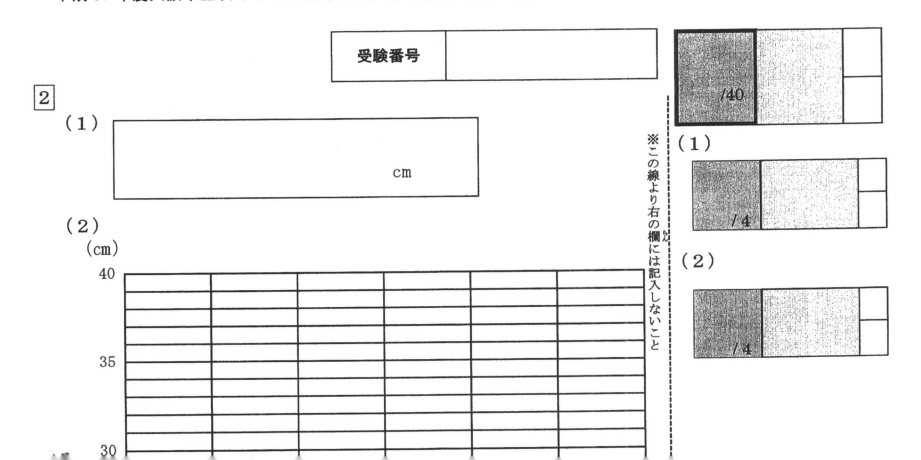

受験番号	

/40

2

（1）

cm

（2）

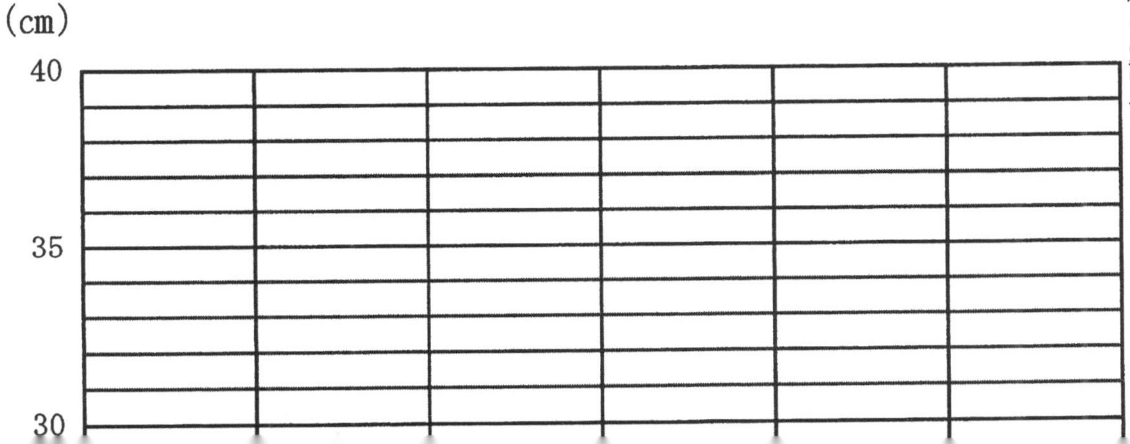

※この線より右の欄《らん》には記入しないこと

（1）

/4

（2）

/4

適Ⅰ－2

（3）

ねだんの安い順に

1　店　円

2　店　円

3　店　円

4　店　円

5　店　円

※この線より右の欄《らん》には記入しないこと

（3）

/5		

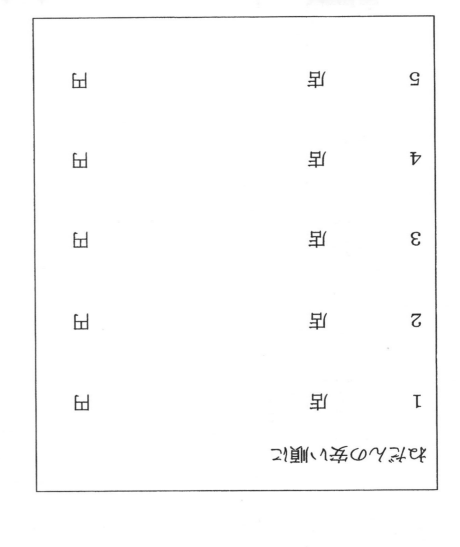

大阪市立中高一貫校入学者選抜【共通】　【適正検査Ⅰ】解答用紙

受験番号	

2

（1）

①

円

②

店のほうが、　　　　円高い。

（2）

店のほうが安い

【解答

※この線より右の欄《らん》には記入しないこと

/25

（1）①

/5

②

/5

（2）

適Ⅰ－1

320　280　200　100

/10　/5　/3

平成31年度　大阪市立咲くやこの花中学校入学者選抜【スポーツ分野】検査種目

1	50m走（運動場が使用できるとき） または、30m走（運動場が使用できないとき）
2	立ち幅跳び

※ 文部科学省「新体力テスト実施要項（6～11歳対象）」（下記）を参考に、実施します。

1【50m走】（運動場が使用できるとき）

＜方法＞

(1) スタートはスタンディングスタートの要領で行います。

(2) スタート合図は、「位置について」、「用意」の後、音または声を発すると同時に旗を下から上へ振り上げることによって行います。

＜記録＞

(1) スタートの合図からゴールライン上に胴（頭、肩、手、足ではない）が到達するまで

[芸術（美術・デザイン）分野]

1 あなたの小学校では、6年生と1年生が一人ずつ二人一組になり、絵本の読み聞かせをしています。絵本を読んでいるあなたと、それを聞いている1年生の様子を色えんぴつでかきなさい。

＊解答用紙は、縦《たて》長に使っても横長に使ってもどちらでもかまいません。

2 あなたの小学校では、図書委員会でブックカバーをつくり、みんなに配ることになりました。

「読書の秋」をテーマにしたブックカバーのデザインを考えて、色えんぴつでかきなさい。

＊「どくしょの秋」の文字を入れること。

＊解答用紙の裏《うら》面にある点線部分で折って、考えてもよい。

解答用紙の裏《うら》面

①

②

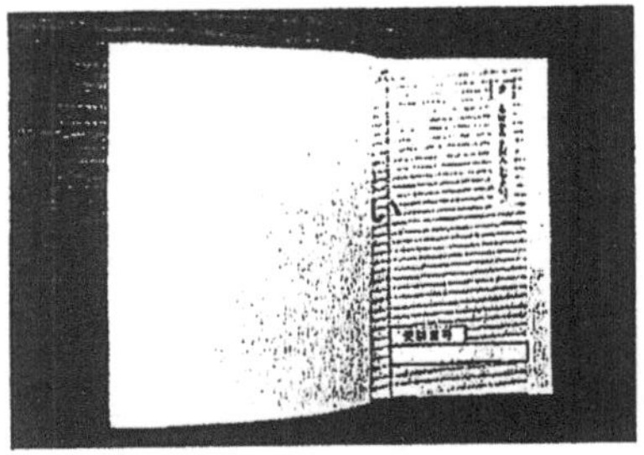

③

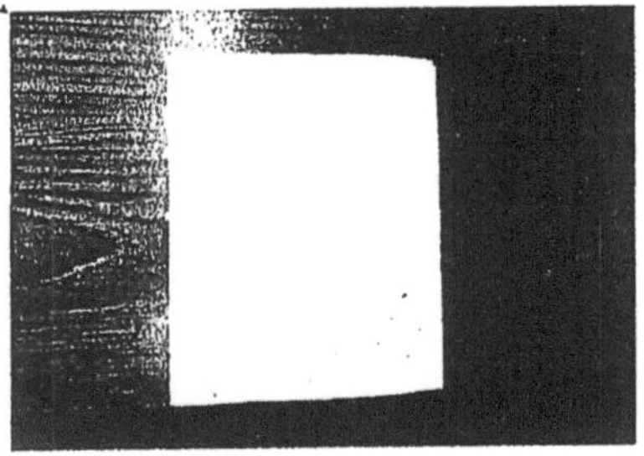

（３）図３のように、ばねＡの下にばねＢをつるし、ばねＢの下に30ｇのおもりＣをつるしました。このとき、ばねＡとばねＢの長さの合計は35.5cmになりました。次に、図４のように、ばねＡの下におもりＣをつるし、さらにその下におもりＣをつるしたばねＢをつるしました。このとき、ばねＡの長さとばねＢの長さはそれぞれ何cmになるか答えなさい。ただし、ばねＡとばねＢの重さは考えないものとします。

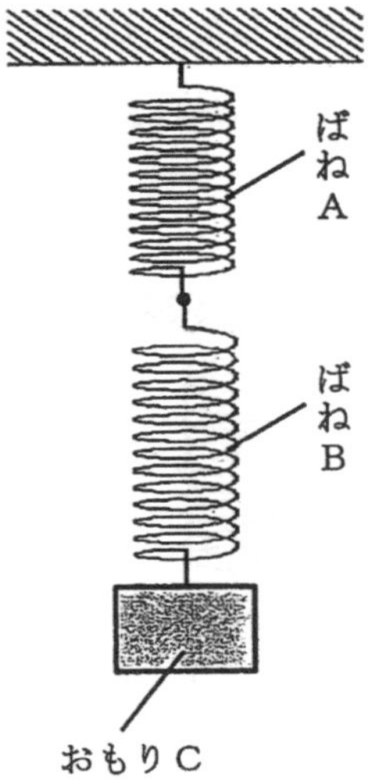

図３

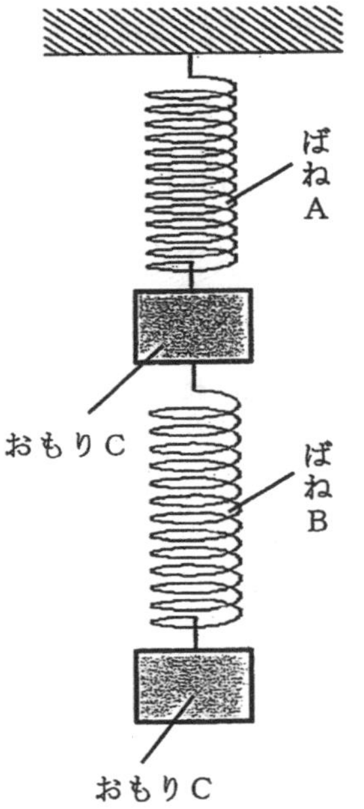

図４

次に、太さがどこも同じ棒《ぼう》を用意し、等しい間かくで図５のように番号をつけました。番号５のところでばねにつるすと、棒は水平になりました。

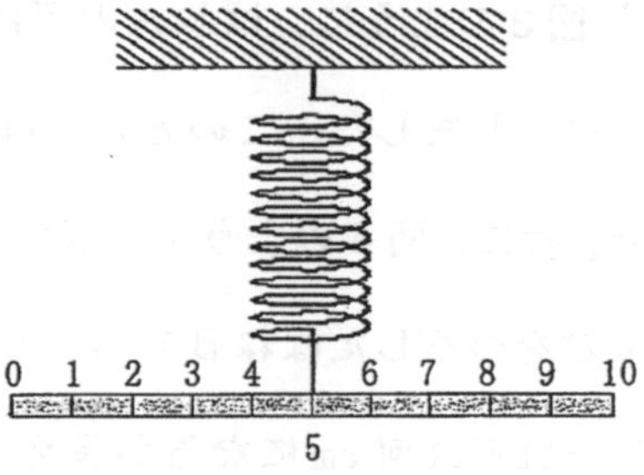

図５

さらに、図６のように、30ｇのおもりＣを２つ、棒の左右につるす方法と番号５のところに縦《たて》につるす方法でそれぞれのばねＡの長さを調べました。その結果、ばねＡの長さは両方とも等しくなりました。ただし、実験に用いたばねや棒など、おもり以外の重さは考えないものとします。

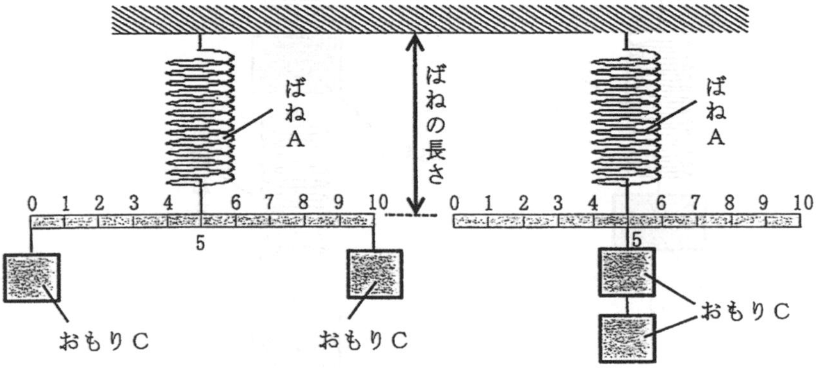

図６

（４）重さのわからない２つのおもりＤとおもりＥを用いて、**図７**のように、番号３のところにおもりＤを、番号９のところにおもりＥをつるしました。

さらに、おもりをつけた棒を番号５のところでばねＡにつるすと、ばねＡの長さが 21.25cm になって、棒は水平につり合いました。おもりＤ、Ｅはそれぞれ何ｇか答えなさい。

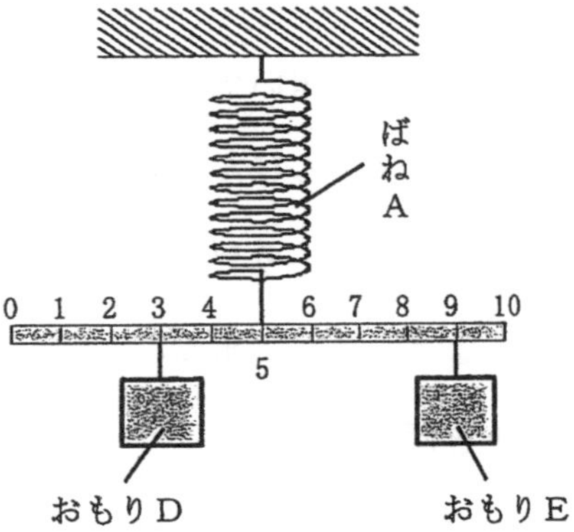

図７

（５）**図８**のように、番号７のところに 45ｇのおもりＦを、番号９のところに 15ｇのおもりＧをつるしました。おもりをつけた棒を番号５のところでばねＢにつるして水平にするには、50ｇのおもり１つを何番のところにつるせばよいか答えなさい。また、このときばねＢの長さは何 cm になるか答えなさい。

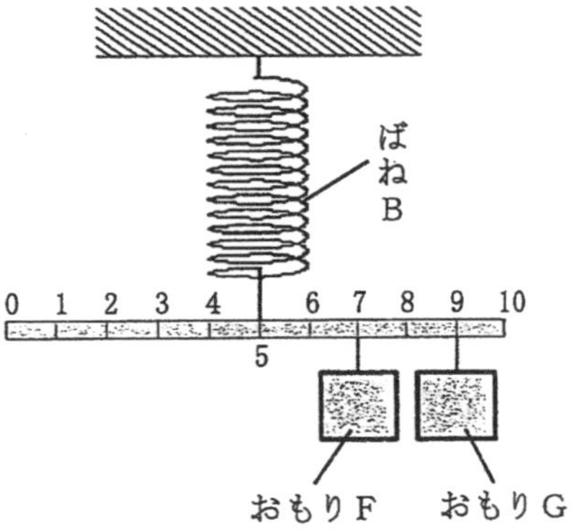

図８

（6）ばねＡとばねＢ、２本の棒、重さのわからない２つのおもりＨとおもりＩ、電子てんびんを用いて図９のような装置《そうち》を組み立てると、ばねＢの長さが 31cm になり、電子てんびんは 50g を示して２本の棒は水平になりました。

このとき、おもりＨは何ｇか答えなさい。また、このときばねＡの長さは何 cm になるか答えなさい。ただし、用いた棒は２本とも同じものとします。

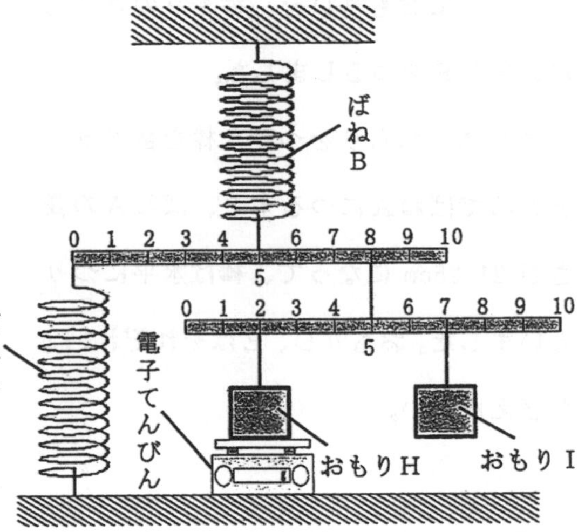

図９

2019(H31) 咲くやこの花中
教英出版

【適Ⅱもの

【適性検査Ⅱ　言語分野】

2　あなたのクラスの卒業文集にのせる詩を選ぶことになりました。あなたなら、どちらの詩を選びますか。A、Bどちらかの詩を選び、その理由を、次の条件１・２にしたがって、３６０字以上４００字以内で書きなさい。

条件１　詩の表現にふれて書くこと。
条件２　卒業をひかえたあなたの今の思いや気持ちも書くこと。

〈A〉橋　　大木　実

いくつかの橋を渡《わた》ってきた
木の橋
石の橋
がっしりとした鉄の橋
橋の下を水は休みなく流れていた
ゆるやかに　時に激《はげ》しく
渦《うず》を巻《ま》いて

僕《ぼく》らはいくつもの橋を渡ってきた
長い長い橋を
短い橋を
ある日はこころはずませて
軽やかに
ある日はこころを重くして
歩みも重く

橋は
この岸と
あちらの岸を結び
昨日と明日を結んでいる
橋の向こうには
どんな風景が開けてくるのか
またどんな時間が僕らを待っているのか

大木《おおき》　実《みのる》　著《ちょ》「大木　実詩集」より

〈B〉支度《したく》　　黒田　三郎

何の匂《にお》いでしょう
これは

これは
春の匂い
真新しい①着地《きじ》の匂い
真新しいかわの匂い
新しいものの
新しい匂い

匂いのなかに
希望も
ゆめも
幸福も
うっとりと
うかんでいるようです

ごったがえす
②人いきれのなかで
だけどちょっぴり
気がかりです
心の支度は
どうでしょう
もうできましたか

小林《こばやし》　信次《しんじ》・水内《みずうち》　喜久雄《きくお》　編
「子どもといっしょによみたい詩」より

①　着地《きじ》　　布地のこと。
②　人いきれ　　人が多く集まった場合、熱気でむっとしていること。

2　12月のある日、サクラさんは、今人気の２つの文ぼう具（定価 900 円の色えんぴつと定価 1200 円の筆箱）を買うために、Ａ～Ｅ店の５つの店で売っている色えんぴつと筆箱それぞれのねだんについて調べ、次のア～キのようなことがわかりました。ただし、消費税は考えないものとします。

ア	Ａ店では、それぞれＢ店の８割のねだんで売っている。
イ	Ｂ店では、色えんぴつを定価の 25％引きで売っている。
ウ	Ｂ店では、それぞれＣ店より 100 円高いねだんで売っている。
エ	Ｄ店では、それぞれＢ店のねだんの２割高いねだんで売っている。
オ	Ｅ店では、それぞれＣ店のねだんの 120％のねだんで売っている。
カ	それぞれのねだんを安い順に並べると、店の順番は同じである。
キ	筆箱のねだんは、一番高い店と一番安い店で 350 円の差がある。

（１）サクラさんは、Ａ店とＣ店の色えんぴつのねだんを比べました。次の①、②の問いに答えなさい。

①　Ａ店の色えんぴつのねだんは何円か答えなさい。

②　Ａ店とＣ店の色えんぴつのねだんは、どちらの店の方が何円高いか答えなさい。

（２）サクラさんは、Ｄ店とＥ店の筆箱のねだんを比べました。どちらの店の筆箱の方が安いか答えなさい。なぜそのように考えたのか、理由も書きなさい。

（３）サクラさんは、Ａ～Ｅ店の５つの店の筆箱のねだんをすべて比べることができました。すべての店の筆箱のねだんを、安い順に答えなさい。

サクラさんは、１月になってから人気の２つの文ぼう具を買いに行きました。12 月に調べたときに一番安かった店に行くと、筆箱は 12 月に売っていたねだんからさらに 16%引きになっていました。その後、12 月に一番高かった店に行っても、12 月に一番安かった店の今のねだんと同じでした。また、色えんぴつは、どちらの店でも定価の半額になっていました。そこで、サクラさんは、12 月に一番高かった店で人気の文ぼう具を１つずつ買うことにしました。

（４）サクラさんが、買ったのはＡ～Ｅ店のどの店で、筆箱のねだんは、12 月に売っていたねだんの何％引きになっていたか答えなさい。また、２つ合わせた代金は何円か答えなさい。